청춘, 인생을 생각하는 시간

청춘, 인생을 생각하는 시간

빛나는 삶을 위해 지금 생각해야 하는 것들

리샹룽 지음 · **박영란** 옮김

🐾 드림셀러

1

여느 때처럼 카페에서 글을 쓰고 있는데, 갑자기 한 남성이 바닥에 주저앉아 대성통곡을 하며 목청이 떠나가라 소리를 질렀다.

"얼음 필요 없다고 했잖아요! 사람 말이 안 들려요? 왜 안 듣는 거야, 대체!"

카페 안에 있던 많은 사람이 가까이 다가가 그 광경을 지켜보았다. 차분히 남자를 달래는 사람도 있었고, 공공장소에서 왜 저러는지 이해가 안 된다는 듯 고개를 흔드는 사람도 있었다.

자리에서 일어난 나도 그를 가만히 바라보았다. 갑자기 가슴이 먹먹해졌다. 우리가 사는 이 도시에서 사람이 무너지는 이유는 대단하고 큰 일이 아니라 무심코 벌어지는 아주 사소한 일 때문인 경우가 많다. 갑자기 머릿속에 이 말이 떠올랐다.

'아무리 바쁘고 힘들어도 냉철해져야 한다.'

냉철해져야 한다는 말은 복잡하고 급변하는 사회에서 세상의 흐름에 휩쓸리지 않고 자신을 잃지 않기 위해서는 지금 자신의 위치를 정확하게 파악하고 이성적인 태도를 유지하며 살아야 한다는 의미다.

한 문장으로 요약하자면 '지금 어떻게 살고 있든, 자신의 인생 목표를 잊지 말자'는 것이다.

문득 과거의 내 모습이 떠올랐다. 한동안 나는 태엽을 감아놓은 장난감처럼 미친 듯이 수업에만 매달렸다. 이 교실에서 저 교실로 왔다 갔다 하는 것도 모자라 이 지역에서 저 지역을 뛰어다니느라 눈코 뜰 새 없이 바빴고, 누적된 피로로 급격한 체력 저하를 느낄 때였다. 그날도 어김없이 밤 10시가 다 돼서 수업이 끝났다. 베이징의 한 골목을 지나는데 갑자기 허기가 느껴졌다. 얼른 편의점으로 발길을 돌려 찐만두 두 개를 사서 게 눈 감추듯 허겁지겁 먹어치웠다. 편의점 유리창에 비친 내 모습을 본 순간 갑자기 깊은 한숨이 흘러나왔다. 지금 내 눈에 보이는 나는 정말 외톨이였다. 이런저런 생각을 하다 보니 금방이라도 눈물이 왈칵 쏟아질 것 같았다.

하지만 울지 않았다. 내가 이렇게 미친 듯이 일하는 이유는 딱 하나, 부자가 되기 위해서다. 그 사실을 누구보다 잘 알고 있었기에 자기 자신을 원망하고 환경을 탓하는 건 사치에 불과했다. 자전거 머리를 돌려 집으로 향했다. 아래층에 자전거를 세워두고 동네 두 바퀴를 달리고 난 후에야 집으로 들어가 그날 마감해야 하는 원고를 마무리했다.

그날 이후로 자기연민에 빠지려고 할 때마다 나는 나 자신을 흔들어 깨운다. 눈물도 소용없고 정신을 똑바로 차리고 깨어 있어야 한다는 생각만 했다. 생활에 쫓기는 치열한 삶에서 벗어나는 유일한 방법은 내 능력을 끌어올리고 열심히 일해서 번 돈으로 초기 자본을 마련하는 것이다. 그래야 나중에 먹고사는 문제에 불안하지 않고 여유롭게 살 수 있다.

지금 나는 그것을 이루어냈다. 어느새 잘나가는 베스트셀러 작가가 되었고 회사도 날로 성장하고 있다. 내 시간을 오롯이 들여서 돈을 벌지 않아도 어느 정도 편안한 생활을 유지할 수 있다.

그렇다고 내 인생 전부가 순탄하다는 말을 아니다. 여전히 회사 일로 바쁘고 힘들지만 나는 항상 나 자신에게 묻곤 한다. 내 목표는 무엇인가?

아무리 바쁘고 힘들어도 목표가 무엇인지, 그 목표를 달성하려면 어떻게 해야 하는지 스스로 상기하기 때문에 자기연민에 빠지는 경우가 거의 없다.

2

나는 이야기를 쓰는 사람이다. 이야기를 쓸 때 가장 중요한 규칙은 바로 목표를 설정하는 것이다. 이야기 속 등장인물에게 목표가 없으면 캐릭터가 지닌 의미도 사라진다. 주변에 얼마나 많은 사람이 목표도 없이 살아가고 있는지 한번 둘러봐라.

뚜렷한 목표 없이 바쁘기만 하면 어려움에 부닥치기에 십상이다. 몇 년간 나는 도시의 삶이 바쁘고 피곤한 것은 지극히 당연한 일이라고 받아들였고, 비자발적이고 비효율적인 경쟁 속에서 바쁘고 피곤하지 않은 사람이 누가 있겠냐며 끊임없이 스스로 상기시켰다. 하지만 여기서 놓치지 말아야 할 것이 하나 있는데, 바로 '나는' 무엇을 원하는 것인가다.

우리 주변의 고수들을 유심히 살펴보면 공통된 특징을 보인다. 바로 언제나 상대방이 아닌 자신의 목표에 집중한다는 것이다. 항상 쫓기는 삶을 살다 보면 우리는 어느새 방향을 잃어버리고 목표와도 점점 멀어지고 만다.

얼마 전의 일이다. 한 친구가 창업을 위해 투자자를 찾고 있었다. 사업 설명회에서 프레젠테이션할 기회가 생겨서 동행했는데, 그때 친구가 미소 하나, 열정 하나하나를 자기 이야기에 녹여내면서 몇 번이고 반복적으로 자신의 목표를 인식시키는 모습을 보니 이번에는 순조롭게 투자를 받을 거라는 생각이 들었다.

그런데 그날따라 40대 정도로 보이는 투자자가 질문을 퍼부었다. 물론 그 질문에는 친구의 사업 계획에 대한 비판도 섞여 있었다. 그는 사업이 부실하다며 신뢰가 가지 않는다는 말도 덧붙였다. 옆에서 듣고 있던 나는 화가 치밀어 올랐다. 분명 조금 전에 친구가 전부 설명했던 내용인데, 굳이 질문까지 하면서 디스할 필요가 있을까.

그칠 줄 모르는 억지스러운 주장을 더 이상 듣고만 있을 수 없었다.

"선생님, 방금 전 발표 내용을 자세히 들으셨는지요?"

그러자 친구는 가만히 있으라는 듯 나를 툭툭 쳤다. 그리고 그는 말도 안 되는 질문에 몇 번이고 성실하게 대답했다.

그 후에 친구에게 투자하겠다고 나선 사람은 친구를 곤란하게 만든 사람이 아니라 당시 그 상황을 지켜보던 어느 젊은 투자자였다. 나중에 함께 식사할 기회가 있어서 그에게 투자 이유를 물었다. 그는 친구의 목표가 명확하고 감정에 휘둘리지 않는 사람이라고 생각해서 투자를 결정했다고 했다.

나중에 친구에게 그날 왜 화를 내지 않았느냐고 물었더니 대답은 생각보다 단순했다.

"싸우러 간 게 아니라 투자금을 구하러 간 거잖아. 그 사람이 관심 없었으면 질문도 하지 않았겠지, 그냥 몇 마디 더 나눈다고 해서 손해 볼 건 없으니까."

그리고 농담 한마디를 덧붙였다.

"냉철해져야 해, 정신을 똑바로 차리고 살아야 돈을 벌 거 아니야!"

3

많은 사람이 돈에 관해 직설적으로 이야기하는 것을 꺼리지만, 사실 돈을 버는 것은 부끄러운 일이 아니라 세상에서 가장 존귀한 일이다. 위법행위만 하지 않는다면 돈을 버는 것을 목표로 삼는 것은 세상을 살아가는 데 있어 나름 현명한 선택이다.

물론 돈을 버는 것 외에도 인생에서 더 큰 목표를 찾고 그것을 달성하기 위해 평생을 바쳐야 한다는 사실도 잊어서는 안 된다.

　인생은 비극이다. 우리도 인생이 무의미하다는 것을 알지만 목표가 있기 때문에 목표를 쫓아가는 과정에서 비로소 인생의 의미를 깨닫게 된다. 냉철하게 정신을 차리고 살아야 한다는 말의 뜻은 무턱대고 돈만 많이 버는 게 다가 아니라 우리에게 주어진 목표를 놓치지 않도록 해야 한다는 것이다.

　이 책은 내가 서른을 넘기고 쓴 첫 번째 책이다. 부디 모든 독자가 즐겁게 읽어주길 바란다.

차 례

1장

당신이 싫어하는
현재에는
노력하지 않은 과거가
숨어 있다

청춘은 계속되는 실패의 향연이다.
하지만 이런 실패를 경험한 청춘만이 특별한 의미가 있다.

바쁘고
힘들 때일수록
냉철하라

1

서른 무렵, 나이가 들수록 새로운 사람을 사귀는 것이 어렵다는 사실을 깨달았다. 나이가 들어간다는 것은 과거의 익숙했던 것들과 헤어지고, 미래의 낯선 사람들에게 인사를 건네는 것과 같다. 나이가 들수록 누군가에게 마음을 열기 어렵고 새로 사귄 친구에게 자신의 과거를 이해시키기도 어렵다. 마찬가지로 내가 타인의 세계에 들어가기도 절대 쉽지 않다. 적어도 내가 A를 알기 전까지는 그랬다.

원래 동료 사이였던 우리는 서로 다른 도시에서 일했다. 당시 A는 업계에서 손꼽히는 유명 영어 강사였다. A의 수업을 듣는 학생들은 기본적으로 그의 강의를 두 번 연속 등록하곤 했다. 단지 A가 수업 중에 던지는 가벼운 농담을 듣기 위해서다. 그 수업을 듣기 위해 먼 길도 마다

치 않고 베이징에서 광저우까지 날아간 학생들도 제법 많았다.

학생들이 긴 여정을 시작하면서 덩달아 나까지 내 지역에서 제법 알려졌고, A도 그때 내 이름을 알게 됐다. 따지고 보면 나야말로 A 명성의 진정한 수혜자였다. 우리는 서로 흠모하고 있었기 때문에 SNS에서 활발히 교류했다. 가끔 서로가 쓴 글을 공유하거나 격려의 메시지를 주고받았다.

사실 그때까지는 직접 만난 적도 없고 SNS로 안부를 주고받는 게 전부였기 때문에 그저 A의 엄청난 팬덤에 묻어가고 싶은 마음도 없지 않았다.

직장생활의 제1 법칙, '동료는 동료일 뿐, 친구가 될 수 없다'를 누구보다 잘 알고 있었기 때문이다. 동료와 친구가 되면 일이 복잡해진다. 이해관계가 얽혀 있으므로 감정을 분리해서 정확하게 균형을 잡기가 쉽지 않다. 결국 감정 때문에 서로에게 상처를 주는 일이 생길 수밖에 없다.

당시 우리 본부장은 내가 A와 친하게 지내는 걸 알고 이해할 수 없다는 태도를 보였다. 혹시라도 학생들이 빠져나가서 우리 팀 실적에 영향을 미칠까 봐 걱정스러운 모양이었다.

어느 날 오후, 본부장 비서가 나를 찾아왔다.

"선생님, 본부장님께서 되도록 A씨와 가깝게 지내지 않는 게 좋을 것 같다고, 특히 SNS에 글을 자주 올리지 말고 공유도 하지 말라고 하십니다. 지금도 두 캠퍼스 사이에 많은 이해관계가 얽혀 있잖아요. 그러니까 A씨 SNS에 글을 남기지 마시고 공유도 자제해주세요. 자꾸 그러면 선생님 학생들이 A씨의 SNS를 구경하다가 그쪽으로 넘어갈 수도 있으니까요."

나는 머리를 긁적였다.

"그럼 A씨가 제 SNS를 공유하는 건요? 그것도 안 되나요?"

비서는 알면서 뭘 물어보냐는 듯 날 쳐다봤다.

"그건 당연히 괜찮죠."

며칠이 지나서 본부장은 정식으로 나에게 메시지를 보냈다.

"리샹룽 선생, A씨가 선생님 SNS를 공유하는 것도 막아주세요. 선생님 SNS에 A씨의 ID가 남게 되잖아요. 썩 좋은 영향을 미칠 것 같진 않네요."

'나 참, 대체 이걸 누가 신경 쓴다고!'

나는 도무지 영문을 알 수 없었다. 하지만 당시 20대의 사회 초년생에게 상사의 존재는 무시할 수 없을 만큼 무거웠기 때문에 나는 바로 시원하게 대답했다.

"네, 알겠습니다."

그런데 막상 대답하고 나니 친구라고 하기도 애매한, 한 번도 만난 적 없는 사람에게 어떻게 그런 말도 안 되는 요청을 꺼내야 할지 몰라 난감했다. 그나마 내가 생각해낸 방법은 한동안 A의 SNS 게시물을 공유하지 않고 댓글도 남기지 않는 것이었다. 그냥 가끔 소심하게 '좋아요'만 눌렀다.

그런데 하필 그해 SNS가 개정되면서 상대의 계정에 '좋아요'를 누른 사람의 ID가 표시되는 기능이 추가됐다. 전혀 예상치 못한 일이다.

며칠 후, 본부장이 나를 찾아왔다.

"리샹룽 선생, 다시 한 번 이야기하는데 A씨와의 SNS 교류는 자제해 주길 바랍니다."

본부장도 나를 위협할 만한 것이 없다고 생각했는지 이내 다시 입을 열었다.

"그렇게 약속만 해준다면 급여 인상을 고려해보죠. 어때요?"

돈 앞에서 깊은 고민에 빠졌다. 이리저리 뒤척이느라 밤새 잠도 못 잤다. A와 급여 인상 중 무엇이 더 중요한가? 나는 쉽사리 결정을 내리지 못했다.

이튿날, 내 절친인 인옌과 스레이핑이 직장 내 정치에 질릴 대로 질려서 결국 퇴사를 결심했다. 이후 나는 네팔 여행을 하고 돌아오자마자 바로 사직서를 냈다. 그런데 퇴사한 지 얼마 지나지 않아 드디어 A가 베이징에 왔다. 정확히 기억나진 않지만, 꽤 늦은 시간이었는데 A에게서 연락이 왔다.

'선생님, 안녕하세요. 저 방금 베이징에 도착했습니다. 혹시 시간 되시면 술 한잔하실래요? 어려우시면 내일도 좋습니다.'

베이징에 도착하자마자 나에게 메시지를 보내다니. 그것도 이렇게 늦은 시간에! 나는 알 수 없는 묘한 감격에 휩싸였다.

'좋아요! 장소 하나 찍어줄 테니, 그쪽으로 오시죠. 이따 봬요!'

'제가 귀찮게 하는 건 아니죠?'

'전혀요, 저도 올빼미라 이제 시작인걸요, 뭐.'

만나기로 한 곳 저 멀리서 누군가 캐리어를 끌고 다가오는데, 그는 통통한 체형에 가느다란 눈매가 매력적인 사람이었다. 우리는 함께 술을 마시며 즐겁게 시간을 보냈다. 첫 만남인데도 대화가 끊이지 않았고 쉼 없이 건배했다. 결국 둘 다 술에 잔뜩 취하고 말았다. 거나하게 취한 나는 A에게 슬쩍 퇴사 얘기를 꺼냈다.

"저 퇴사했어요. 그래도 덕분에 제 한계를 깨고 더 나은 내가 되었어요. 고마워요."

그는 반짝이는 눈으로 나를 쳐다봤다.

"저도 그만뒀어요."

우리는 술자리를 이어가며 꿈에 관한 이야기를 나눴고, 특히 나는 내 계획에 대해 많은 이야기를 꺼냈다.

"훌륭한 작가가 되고 싶어요. 영화감독도 되고 싶고 시대를 울리는 감동적인 이야기를 쓰고 싶어요……."

그러면서 나는 A가 글을 쓰면 참 좋겠다는 생각에 계속 꼬셨다.

"가능하면 베이징에 남으세요. 베이징은 지식인들의 천국이잖아요. 물론 이상한 사람도 있고 유별난 사람도 있긴 하지만 말 그대로 '난 사람'인 거죠. 당신이 여기 남는다면 베이징도 큰 손해는 아닐 거예요……."

대화가 길어지니 취기가 확 올라왔다. 어떻게 집에 왔는지 기억나지 않는다. 다음 날 눈을 떴을 때 이미 해가 중천에 떴다는 것 말고는.

A가 전화로 단순하게 자신의 계획을 전했다.

"저도 베이징에 정착해볼까 해요."

청춘, 인생을 생각하는 시간

베이징에 남는 사람은 모두 용사다. A와 나는 걸어서 5분 거리에 살았다. 베이징에 오래 있다 보니 동네 사람을 만나도 서로 말을 건네거나 뭐 하는 사람인지 별로 신경 쓰지 않는 습관이 몸에 배었다. 그런데 갑자기 친하게 지낼 수 있는 동네 사람이 생기니 정말 기분이 좋았다.

낮에는 각자 집에서 독서를 하거나 글을 쓰다가 저녁이 되면 만나서 술을 마시고 이야기를 나눴다. 우리 같은 사람들은 곁에 있으면 서로의 능력을 끌어올리는 촉매제 역할을 해서 같이 있으면 활활 타오르는 불 같고, 흩어지면 반짝반짝 빛나는 별과 같다.

우리는 항상 잘 지냈다. A는 내가 술에 취해서 아무 말이나 하는 것조차 재미있어했다. 잘은 모르겠지만 그도 언제든지 털어놓을 수 있는 인생의 이야기보따리를 지고 있는 것 같았다.

한 번은 친구의 꼬임에 넘어가 TV 프로그램에 출연한 적이 있는데, 녹화 중 심사위원과 논쟁이 벌어졌다. 심사위원이라는 사람이 여성 출연자의 의견을 다짜고짜 무시하는 걸 보고 도저히 참을 수가 없었다. 그래서 일부러 그 심사위원을 몰아세우고 수상도 거부했다. 방송이 나간 후 아무 일도 없었던 것처럼 행동했다.

다음 날 SNS에 불의에 맞서 싸운 나를 격려하는 게시물이 수없이 올라왔다. 그때 나는 A가 이 프로그램을 보고 엄청난 분노를 느꼈다는 것을 알아차렸다. 그가 인터넷에 올린 프로그램 제작진과 출연자들을 비꼬는 자조 섞인 글은 팬들의 격한 공감을 끌어냈을 뿐 아니라 신선한 재미까지 선사했다.

온종일 계속되는 사투로 네티즌들은 모두 지쳐 갔지만 A의 분노는 쉽게 사그라지지 않았다. 하지만 나는 감동으로 가득 찼다. 나도 그렇지만 대부분 쓸데없이 남의 일에 참견하느니 가만히 있는 게 낫다는 입장이기에 이런 논란이 불거졌을 때 몇 마디 거드는 이를 찾아보기란 쉬운 일이 아니다. 그야말로 '찐친'이 아니면 거의 불가능하다.

그날 저녁, 내 궁금증이 극에 다다랐다.

"심사위원이랑 싸운 건 난데, 왜 당신이 더 흥분한 거예요?"

"누구라도 당신한테 그런 식으로 말하는 사람은 가만히 두고 볼 수 없어요."

그러더니 A는 곧바로 말을 이었다.

"아, 방금 뭐 하나가 떠올랐는데, 바로 올려야겠어요."

A는 미소를 띤 채 쉴 새 없이 키보드를 두드렸다. 나는 감동에 취해 술을 한 잔 마셨다. 술은 몸을 타고 들어와 마음까지 흠뻑 적셨다. A는 줄곧 마음의 소리를 따랐고, 그 결과가 어떻든 자기 마음이 끓어오를 수만 있으면 그걸로 그만이었다.

3

나는 어딜 가든 항상 A가 나보다 한 수 위라고 말하고 다녔다. A는 내가 농담한다고 여기겠지만 전혀 그렇지 않다. 진심으로 그렇게 생각한다. 그와 뭘 할 때마다 느끼지만, A가 강의를 하든 강연을 하든 무대에만 오르면 객석은 순식간에 웃음바다가 된다. 처음부터 끝까지 그 분위기를

청춘, 인생을 생각하는 시간

그대로 이끌어갈 수 있는 사람은 매우 드물다.

A가 타고난 것 같다. 내가 A의 집에 갈 때마다 그는 언제나 소파에 반쯤 누워서 이 책 저 책을 뒤적이고 있다가 피곤해지면 항상 같은 질문을 던졌다.

"배 안 고프세요? 배달시켜 먹을까요?"

이렇게 평소에는 굉장히 온순한 A지만 지난번처럼 내가 누군가에게 공격이라도 당하면 갑자기 돌변해서 날카로운 칼날로 상대를 가차 없이 후벼판다.

타지방에 있는 학교에서 강연 요청을 받아 A와 같이 간 적이 있다. 뜻밖에도 우리를 마중 나온 사람은 도서관 사서였는데, 임시로 나온 바람에 우리가 무슨 강연을 하는지, 심지어 우리가 왜 왔는지조차 몰랐다. 그러더니 우리가 어려 보였는지 갑자기 꼰대처럼 조언 아닌 조언을 하기 시작했다.

"아직 두 분은 너무 젊으니까 내가 '강연은 이런 거다'를 가르쳐주지……."

'뭐지? 그쪽 학교에서 나더러 강연하러 오라고 한 거 아닌가? 왜 지금 나한테 이런 얘기를 하는 거지? 이러다가 수업료까지 내라고 하는 거 아니야?'

멍하니 듣고 있다 보니 이런저런 잡생각들이 스쳐 갔다. 사실 나는 이런 종류의 의사소통을 별로 좋아하지 않는다. 그래서 자아도취한 사서 아저씨를 홀로 남겨두고 자리를 떠났다. A가 먼저 자리를 떠났으니 망정이지 나니까 이 일이 여기서 마무리된 것이다.

강연에서 A는 첫 시작을 이렇게 열었다.

"어렸을 때부터 저는 자신이 가진 이미지를 깨야 더 큰 세상을 볼 수 있다는 걸 알았어요. 그래서 항상 '신분'이라는 두 글자에 자신의 가능성을 제한하고 싶지 않았어요. 어려서부터 이런 호칭을 아주 싫어했어요. 예를 들어 연구위원, 체육위원, 그리고 물론 도서관 사서도 포함해서 말이죠."

모든 관객이 폭소를 터뜨렸다. 사서 아저씨의 얼굴이 순식간에 창백해졌다. 그때는 몰랐는데, 알고 보니 이 사서는 오래전부터 딱딱한 표준어와 상투적인 말이 몸에 밴 탓에 학생들이 불만을 토로해왔던 사람이었다. 강연이 끝난 후 사서가 다가와 우리 두 사람을 보고 웃으며 강연을 들어보니 역시 선생님은 다르다며 사과했다.

그러나 베이징으로 돌아오는 길에도 A는 화가 덜 풀린 듯 지난번과 같은 얘기를 했다.

"정말 못 참겠어요. 당신에게 그런 말을 하다니! 대체 뭐 하는 사람이래요?"

나는 하하 웃으며 이어폰을 꽂았다. A의 강직함과 재치가 참 좋았다. 그리고 무엇보다 그는 정이 참 많은 사람이라 더 좋았다.

4

모든 사람에게는 각자 주어진 재능이 있다.

A가 타고난 재능이 언어라는 건 누가 뭐래도 의심할 여지가 없다. 달

변가도 많이 만나고 정말 답이 없는 사람도 많이 만났는데, 그때마다 A의 의사소통 능력에 감탄을 금치 못했다. 모든 소통의 장을 하나같이 긴장되기보다는 편안하게 만들었다.

하지만 A도 완벽하지는 않았다. 하루는 상하이의 식사 자리에 초대받아 간 적이 있는데, 내가 A의 친한 친구를 초대했다. 두 사람은 동업도 한 사이고 해서 나는 둘 사이가 여전히 좋을 거라고 생각했다.

그런데 서로 이야기를 나누다가 실랑이가 벌어졌다. 이유는 제대로 듣지 못했지만 두 사람 모두 날을 세우고 당장이라도 폭발할 것 같은 일촉즉발의 상황이었다. 술을 몇 잔 하고 나서야 두 사람 사이에 있었던 일을 알았다. 몇 년 전 A의 친구가 수업을 개설했는데, A는 그 수업이 학생들에게 별로 도움이 되지 않을 뿐 아니라 상도에 어긋난다고 생각했다. 그래서 직접 인터넷에 자기 생각을 올렸고 수강생에게 수강 철회를 제안했다.

결국 두 사람은 사이가 틀어지고 말았다. 그런데 이런 사실을 알지 못했던 내가 두 사람 사이가 여전히 좋은 줄 알고 같은 조로 묶어주기까지 한 것이다. 두 사람은 서로 으르렁거렸다. 몇 차례 스파크가 튀긴 했지만 역시나 A를 상대하기란 여간 어려운 일이 아니었다. 정말이지 누구도 그를 당해낼 수 없다.

A의 친구가 술을 한 잔 마시더니 갑자기 A를 가리켰다.

"당신 예전 여자친구랑 헤어질 때도 위자료 달라고 했다면서? 쪽팔리지도 않아?"

그 자리에 있던 사람들이 술렁이기 시작했다.

'정말 그런 일이 있었다고?'

무슨 큰 구경거리는 아니었지만 이내 몇몇 사람들이 열렬하게 토론하기 시작했다. A가 갑자기 뭔가에 가로막힌 듯 힘이 쭉 빠져서 반박했다.

"아니거든!"

그런 A가 가소로운 듯 친구는 우쭐거렸다.

"내가 다 들었다고."

언변이라면 어디 가서 빠지지 않는 A지만 그날 밤에는 한마디도 하지 않았다. 그날 A는 말 못 할 사연이 있는 것처럼 아주 조용했다. 나는 A가 무언가 할 말이 있지만 꾹 참고 더는 말하지 않는 것이라고 느꼈다. A는 정말 단 한마디도 하지 않았다.

5

상하이의 여름밤은 무덥고 습하며 화려하지만 조용하다. 식사를 마치고 나오는데 어딘지 모르게 허전했다.

"어디 가서 한잔 더 할까요?"

"좋죠, 저희 둘만 가는 걸로 하시죠."

우리는 고층빌딩의 바로 향했다. 황홀한 야경과 매력적인 전경까지, 사람들이 말하는 '낮보다 아름다운 상하이의 밤'을 만끽할 수 있다. 그리고 무엇보다 A의 이전 삶을 간접적으로나마 느낄 수 있었다.

A는 상하이에서 머물던 1년 동안 전 여자친구와 함께 지냈던 곳이라며 그리 멀지 않은 건물을 가리켰다. 바를 가득 채운 희미한 조명이 A의

청춘, 인생을 생각하는 시간

얼굴을 비추고 있었다.

"위스키 어때요?"

"네, 스트레이트로 한 잔 주세요. 제일 센 걸로요."

이미 어두컴컴한 조명과 진한 위스키에 취한 나는 A의 이야기에 흠뻑 취하고 말았다. A의 전 여자친구는 한 스타트업의 CEO로, 온라인 교육이 열풍이었을 때 많은 투자금을 유치했다. 두 사람은 수업에서 만나 서로에게 호감을 느꼈고 얼마 지나지 않아 동거를 시작했다. 1세대 스타트업 CEO에게 가장 중요한 건 침착함이다. 젊은 나이에는 그렇게 큰돈을 만져 본 경험도 없을뿐더러 그 많은 돈을 어떻게 써야 하는지 전혀 감도 안 온다.

당시 A의 여자친구도 그랬다. 그렇게 큰돈을 번 게 처음이다 보니 순식간에 자제력을 잃었다. 투자금으로 해외에 부동산을 사고 고가의 차와 명품까지 사들이기 시작했다. 결국 투자금으로 가치를 창출해야 하는 창업의 목적까지 상실하고 말았다. A와 함께 지내던 집은 월세가 엄청났지만, 그건 A가 부담했다. 당시 A는 정말 단순하게 사랑이 먼저지 돈은 누가 벌든, 언제 벌든 상관없다고 생각했던 것이다.

그들은 고양이도 키우고 가구도 잔뜩 들여놨다. 두 사람 모두 낮에는 출근하고 밤에 집에 돌아오면 로맨틱하게 촛불을 켜놓고 케이크를 먹었다. 반년 후, 경기가 침체되면서 온라인 교육 사업을 하던 많은 기업이 재정 악화로 문을 닫았다. 여자친구의 회사도 부실 경영과 과도한 예산 낭비로 인해 위기를 맞았다. 그들은 그만한 돈을 다시 벌 수 없음을 너무나 잘 알았다.

어느 날, 홀로 집에 있던 A에게 도착한 메시지 한 통이 인생을 완전히 바꿔놓았다.

'300만 위안만 빌려줄 수 있어? 직원들 월급을 줘야 하는데…….'

A는 서둘러 인터넷 기사를 검색했다. 그동안 어떻게 아무것도 몰랐을까. 여자친구의 회사는 거래처에 잔금을 치르지도 못한 데다가 직원들 월급도 몇 달째 주지 못하는 상황이었다. 상황이 이렇게까지 된 이유를 물었지만 그녀는 대답이 없었다. A는 이리저리 뛰어다니며 돈을 빌려보려고 했지만 뜻대로 되지 않았다. 누가 단번에 이렇게 많은 돈을 내주겠는가?

"300만 위안까지는 어려울 것 같아. 집에 들어오면 같이 방법을 찾아보자."

"네가 돈을 안 빌려주면 바로 베이징에 갈 거야. 거기에 돈을 빌려줄 만한 사람이 있거든."

그렇게 여자친구는 베이징으로 날아갔다. A도 수소문 끝에 여자친구가 묵고 있는 호텔로 뒤따라갔다.

다음 날, A는 여자친구가 다른 남자와 호텔로 들어가는 장면을 목격하고는 반쯤 이성을 잃었다. 바로 그녀에게 전화를 걸었지만 반응은 무척이나 담담했다.

"그냥 호텔에 들어간 게 다야. 아무 짓도 안 했어! 그러니까 누가 돈 안 빌려주래? 아직도 한참 부족한데, 빌려줄 수 있어? 아니잖아."

딸깍하는 차가운 소리가 귓가에서 떠나지 않았다. 일주일 뒤 상하이로 돌아온 A는 어이가 없었다. 이게 무슨 일인지 꼬박꼬박 내오던 비싼

청춘, 인생을 생각하는 시간

월셋집이 텅 비어 있는 것 아닌가. 기르던 고양이도 여자친구가 데려가고 없었다.

그대로 멍하니 서 있었다. 괴로워할 틈도 없이 넋을 잃고 서 있는 A의 뒤에서 갑자기 낯선 남자의 목소리가 들려왔다. 택배 기사였다.

"사장님, 안녕하세요. 방금 어떤 여자분이 저한테 전화하셨는데, 여기 있는 책들은 사장님이 필요하다고 하시면 그냥 두라고 하셨어요."

A는 그를 힐끗 쳐다본 뒤 텅 빈 집을 바라봤다.

"네, 그냥 놓고 가세요."

캐리어에 당장 입을 옷 몇 가지를 담고 나니 상하이의 하늘도 이미 어둑어둑해지고 난 뒤였다. 택배 기사는 A의 상황을 알아차리기라도 한 듯 한마디 덧붙였다.

"저도 방금 헤어졌어요."

"아, 그래요?"

"이제 어디로 가실 거예요?"

"모르겠어요. 공항으로 가야겠네요."

"그럼 제가 모셔다드릴게요."

작은 차에 택배 기사와 A, 그리고 A의 짐가방까지 싣고 아슬아슬하게 공항에 도착했다. 항공기 운항 편을 아무리 살펴봐도 갈 데가 없었다. 이렇게 넓은 세상에 발 디딜 곳 하나 없다니. A는 무의식적으로 베이징 행 비행기 표를 사서 짐가방을 끌며 출국장 안으로 발을 옮겼다. 그때가 벌써 밤 11시였다.

정신이 반쯤 나간 채로 리샹룽이라는 사람에게 메시지를 보냈다.

'혹시 시간 되시면 술 한잔하실래요?'

'좋아요! 장소 하나 찍어줄 테니, 그쪽으로 오시죠. 이따 봬요!'

'제가 귀찮게 하는 건 아니죠?'

'전혀요, 저도 올빼미라 이제 시작인걸요, 뭐.'

6

A는 최근 몇 년 동안 막막할 때 마음이 시키는 대로 따라가면 웬만해선 크게 틀리지 않는다고 여겼다. 그래도 그때는 유독 감정적인 면이 쉽게 정리되지 않는 것 같았다. 그걸 A도 분명히 알고 있을 거라 짐작하고 도움이 될까 싶어 한마디 거들었다.

"감정에 휘둘리면 안 된다는 건 잘 알고 있을 거예요. 알더라도 그걸 끊어낸다는 게 쉽지는 않죠. 그래도 버릴 건 버리고, 끊을 건 끊어내야 해요. 그래야 앞으로 나아가죠."

이후, 앞서 말했듯이 A는 나의 이웃이자 절친한 전우가 되었다. 그리고 얼마 지나 그는 지금의 여자친구를 만났다. 그녀 역시 선생님이다. 그들은 지금 결혼을 준비하며 강아지 두 마리와 행복한 나날을 보내고 있다.

이제야 평범한 일상으로 돌아온 것이다. 지금도 우리는 여전히 낮에는 생활 전선에서 치열하게 일하고 밤이 되면 가끔 술잔을 기울인다. 술에 잔뜩 취한 어느 날 갑자기 궁금해졌다.

"그렇게 많은 일을 겪었는데, 자신에게 하고 싶은 말 없어요?"

청춘, 인생을 생각하는 시간

"외부의 소리는 그냥 소음일 뿐입니다, 당신 마음의 소리에 귀를 기울여 보세요!"

아주 단순한 말이었는데, 그 뒤로 나는 많은 생각을 했다.

위험 분산은 필수,
성급한 올인은 금물

1

한밤중에 친구에게 메시지가 왔다.

"컴퓨터 하나 살 생각 있어?"

아닌 밤중에 홍두깨라더니, 대체 무슨 영문인지 궁금했다.

"내가 왜 사야 하는데?"

"그야, 너는 날 도와줘야 하지 않겠어?"

그 순간 나는 친구가 겪은 또 한 번의 파산을 짐작했다.

반년 전, 친구는 적금이건 예금이건 할 것 없이 있는 자금을 모두 끌어다가 PC방에 투자했다. 가게도 구하고 사양 좋은 컴퓨터도 50대나 들여놓았다. 그는 5G 시대가 도래했으니 PC방만큼 핫한 곳은 없을 거라며, 한 해 열심히 일하면 연말에는 주택 대출금을 갚을 수 있을 것 같다고 자신했다. 하지만 늘 그렇듯 일은 생각만큼 순조롭지 않았다. 개업한 지 몇 개월이 지났는데도 계속 적자만 이어졌다. PC방 월세만 해도 엄청났고 개업 당시 최고 사양이었던 컴퓨터는 순식간에 구형이 되었는데, 정작 손에 들어오는 수입은 거의 없었다. 그의 아내도 그나마 컴퓨터 사양이 괜찮을 때 하루빨리 팔아서 손해를 최소화하는 것이 어떻겠냐고 권했다.

그럴 때마다 그는 아내를 안심시켰다.

"괜찮아, 이 정도는 충분히 견딜 수 있어. 이렇게 버티다 보면 금방 좋아질 거야."

그러나 상황은 점점 더 나빠져 회복될 기미가 보이지 않았다. 심지어 PC방에 손님이 한 명도 없어서 아침부터 저녁까지 혼자 놀다 오는 날도 잦았다. 친구는 자신이 시간적인 손해를 감당할 수 있을 거라고 생각했지만 현실은 녹록치 않았다. 솔직히 오픈한 지 몇 달 만에 현실에 굴복해서 만신창이가 된 채 온라인으로 컴퓨터를 팔게 될 줄 누가 알았겠는가!

나에게 메시지를 보낸 그 날, 친구가 물었다.

"이 정도면 내가 할 만큼 한 걸까?"

"그럼, 충분히 한 거야. 다른 사람이면 이 정도도 못 했을 거야."

그가 다시 물었다.

"그럼, 내 컴퓨터 한 대 살래?"

나를 살짝 떠보는 것 같았지만 정말 필요하지 않았다.

"미안한데, 지금 있는 거 하나면 충분해. 더 있어도 필요가 없어."

친구는 나름대로 논리를 펼치기 시작했다.

"생각해봐, 너는 글을 쓰는 작가잖아. 만약에 지금처럼 노트북으로 작업하다가 갑자기 고장 나면 어떡해? 지금까지 작업한 글이 다 날아갈 거 아니야? 그럴 때 한 대 더 있으면 백업하기도 좋고 훨씬 안전하지 않겠어?"

나는 웃음이 새어 나왔다.

'네가 진작 그런 생각을 했으면 이렇게까지 몰아붙이지 않았을 텐데.'

나에겐 이미 여러 대의 컴퓨터가 있기 때문에 새로운 컴퓨터를 또 들여놓을 필요가 없었다. 친구의 말이 맞긴 하다. 만일의 상황을 대비할 필요가 있어서 나는 작업해둔 글을 컴퓨터에 저장한 후에 클라우드에도 저장해둔다. 그리고 일정 시간이 지나면 또 다른 컴퓨터에 복사해둔다. 오늘 밤에 떠오른 아이디어가 내일이 되면 희미해지기 때문에 그때그때 바로 저장해두지 않으면 기억에서 영영 사라진다는 사실을 너무나 잘 알고 있었다. 모든 달걀을 한 바구니에 담았다가 무슨 일이라도 생기면 달걀 전부를 잃어버리고 만다는 진리를 진작부터 알고 있었다.

'Always have a plan B.'라는 말이 있다. 항상 만약의 상황에 대비한 계획이 있어야 한다는 의미다. 이 말은 주로 투자 분야에서 사용되는데, 모든 자산을 주식에만 투자하지 말고 여러 형태의 자산으로 분산시켜야 한다. 그래야 언제 닥칠지 모르는 위험을 미리 피할 수 있다.

사실 이 말은 투자뿐 아니라 여러 분야에 적용할 수 있다. 인생도 투자 아닌가?

링크드인 LinkedIn과 페이팔 PayPal의 창시자 리드 호프먼 Reid Hoffman은 ABZ 플랜으로도 유명하다. 호프만은 누구든지 어떤 일을 할 때 반드시 세 가지 플랜이 있어야 한다고 했다. 플랜A는 현재 하는 일로 지속적인 투자 가치가 있는 계획을 말하고, 플랜B는 플랜A가 통하지 않을 때 '만약의 상황'에 대처하는 백업 계획으로 진로의 방향이나 목표를 바꾸거나 달성 방법을 바꿀 때 필요한 계획이다. 플랜Z는 최악의 시나리오에 대비한 예비 플랜으로 마지노선이자 안전망이라고도 할 수 있다.

개인적으로는 모든 일에 세 가지 플랜을 준비해야 한다고 생각하진 않지만 적어도 플랜B 정도는 준비해야 한다고 생각한다.

며칠 전 한 영어 선생님을 알게 됐는데, 내가 이전에 근무했던 회사에서 일하는 사람이었다. 우리는 즐겁게 대화를 이어갔고 그러다 한밤중까지 술을 마셨다. 그런데 어느 순간부터 이 선생님이 휴대폰에서 좀처럼 눈을 떼지 못하기에 무슨 일인지 물었다. 그러자 그는 처리해야 할 중요한 일이 있다고만 말하고 대답을 아꼈다. 그러고 다시 대화로 돌아왔다가 또 안절부절못하고, 다시 즐거워했다가 다시 불안해했다.

그 모습을 보던 나는 결국 참지 못하고 무슨 일로 이렇게 좌불안석인지 물었다. 그가 고개를 절레절레하며 대답했다.

"당신도 알 겁니다, C라고……. 이 사람이 내 명줄을 쥐고 있다는 거 잘 알잖아요."

"C가 누구죠? 뭐, 운명의 여신이라도 됩니까?"

"우리 학원에서 수업 배정하는 선생님!"

그 순간, 지금까지의 모든 행동이 완벽하게 이해됐다.

유명 대형 영어학원에서 일했던 초창기에 내가 가장 두려워했던 사람은 회사 대표가 아니었다. 매일 수업한다고 해도 대표를 만날 일은 거의 없기에, 대표는 두려움의 대상까지는 아니다. 누구보다 가장 두려운 존재는 바로 수업을 배정하는 막내 직원이다. 그 자리 자체가 사람이 들쑥날쑥한 데다가 희한하게 새로 오는 담당자 대부분이 변덕스러워서 기분을 종잡을 수 없었다. 그런 사람이 내 '생존권'을 쥐고 있다니, 상상만 해도 싫다. 모든 강사의 월급은 수업을 얼마나 하느냐에 따라 결정되는데, 이는 전적으로 수업 배정을 담당하는 직원이 강사에게 얼마나 많은 수업을 배정하느냐에 달려 있다.

그들에게 미움이라도 사는 날에는 하루에 두 번 있는 수업을 하나는 베이징 북부 외곽에 있는 지점, 다른 하나는 베이징 남부 외곽에 있는 지점으로 배정할지도 모른다. 이렇게 되면 하루에 최소 3시간 이상을 길에다 허비해야 하고 자연스럽게 수입도 줄어든다. 말 그대로 헛수고만 하는 격이다.

그러나 수업을 배정하는 직원이라고 해도 감히 건드릴 수 없는 사람이 있는데, 바로 강사료에 의지하지 않고도 충분히 생활할 수 있는 베테랑 강사들이다. 그들은 그 학원에서 받는 강사료 외에도 다른 수입이 있기 때문에 수업 배정을 잘 받기 위해 애쓰는 대부분의 젊은 강사들과 달리 오히려 수업을 배정하는 쪽에서 그들에게 수업을 맡기려고 부탁하곤 했다.

하지만 자신의 월급을 한 사람의 말 한마디나 기분 따위에 의존할 수

청춘, 인생을 생각하는 시간

밖에 없다면 조바심이 나는 건 아주 당연한 일이다.

특히 내가 이 친구의 마음을 이해할 수 있었던 것은, 나도 예전에 그와 같은 불안함을 느껴봤기 때문이다. 내가 일할 때 있던 담당 직원은 항상 밤늦게 연락하는 것도 모자라 5분 안에 회신이 오지 않으면 다른 사람에게 수업을 넘겼다. 무슨 일이 있어도 그 사람의 메시지에는 최대한 빨리 회신해야만 했다. 부모님보다, 여자친구보다 우선순위에 있었다.

그런 내가 언제부터 불안해하지 않았는지, 그러니까 어느 시점부터 배정 담당 직원을 두려워하지 않았는지 생각해보니, 첫 번째 원고료를 받기 시작하면서부터였다. 내 수입원이 다양해지고 난 후부터 왠지 당당해졌고 억지로 잘 보이려 애쓰지도 않았다.

그럼 과연 언제부터 그 직원의 존재를 잊어버리게 되었을까? 내가 사업을 시작해 돈을 벌고 생존할 방법들이 다양해지기 시작하면서 수업 배정이 나에게 끼치는 영향이 줄어들자 그들의 존재 자체도 희미해졌다.

최근 몇 년간, 주변에 영어 강사인 친구들이 늘었는데 나는 그들이 어떻게 여기까지 왔는지 모든 순간을 직접 지켜보았다. 그들 중 대부분이 한 회사에서 다른 회사로 이직하고 한 플랫폼에서 다른 플랫폼으로 옮기면서 연봉도 높아지고 상여금도 그 배로 올랐지만 여전히 한 과목만 수업하고 달걀을 한 바구니에 담는 실수를 저지르고 있었다. 그러다 보면 수업을 배정하는 직원이 없어도 팀장이나 대표가 그들의 숨통을 조여올 것이다. 이런 사람들이 압박하기 시작하면 그들은 숨조차 제대로 쉬지 못할 것이다. 사실 이들이 가장 배워야 할 것은 여러 갈래의 길을 가는 것이다. 그래야 위험에 대처하는 능력을 향상할 수 있다.

3

우리가 선택에 앞서 걱정하는 까닭은 자신을 항상 올인 상태로 끌고 가기 때문이다. 그러면 마음이 오르락내리락하기 쉽지만 사실 전혀 그럴 필요가 없다. 우리는 충분히 여러 방법을 동시에 선택할 수 있으며, 여러 가지 일을 감당하면서 위험에 대한 저항력을 높일 수 있다.

여러 가지 방법을 동시에 선택하는 것은 어렵지 않다. 새로운 영역을 한 번에 하나씩 다시 시작할 필요 없이, 평범한 사람이라면 딱 두 가지만 하면 된다.

하나는 '항상 새로운 것을 받아들이는 것'이다. 적극적으로 배우고 기존에 갖고 있는 기술을 활용해 자신의 직업적 한계를 뛰어넘는 것이다. 또 다른 하나는 현재 자신의 전문 분야와 인터넷을 결합해 완전 새로운 직업으로 발전시킬 수 있는지 확인하는 것이다.

첫 번째는 언제나 아이처럼 다양한 분야의 지식을 겸허하게 배울 수 있도록 해준다. 자신의 전문 분야를 이해하는 것 외에도 그 안에서 다른 분야로 옮겨갈 수 있는 유사한 지식이 있는지 살펴보자. 예를 들어, 많은 선생님이 글쓰기에 소질이 있는데, 특히 잘 가르치는 선생님은 수업 중에 학생들에게 감동을 주는 내용을 글로 남길 수 있어 쉽게 경계를 뛰어넘을 수 있다. 하지만 본업에 충실하지 못한 사람은 여기에 해당하지 않는다. 반드시 본업을 충실히 잘 해내는 사람이라는 조건이 붙는다는 사실을 기억하길 바란다.

두 번째는 이 시대가 우리에게 주는 보너스다. 누구나 한 가지 기술을 가지고 있는데 이를 인터넷과 결합할 수 있으면 얼마든지 자신의 영역을 돌파할 수 있다. 손재주가 뛰어난 사람은 인터넷으로 생중계를 하거나 쇼트클립 플랫폼을 이용하면 금방 조회 수를 늘릴 수 있고, 유명해질수록 별도의 광고 수익을 창출할 수 있다. 단, 다른 일을 할 수 있을 만큼 능력이 충분히 뒷받침되어야 한다.

지금 이 시대는 부캐(본래 게임 용어로 일상으로 사용이 확대되면서 평소 모습이 아닌 새로운 모습이나 캐릭터로 행동하는 것을 의미한다-옮긴이)가 각광받는 시대다. 많은 사람이 본업 외에 부업을 하고 있는데, 놀랍게도 본업보다 훨씬 더 잘한다. 그래서 플랜B가 언제 플랜A가 될지는 아무도 모른다.

최근 몇 년간 지금까지 알지 못했던 새로운 것을 접할 때 위화감을 느끼거나 비평할 게 아니라, 이것이 무엇인지 생각하고 배우기로 스스로 다짐해왔다. 시간이 지날수록 이러한 생각이 나를 이 시대에 더 어울리게, 그리고 좀 더 안정적으로 살 수 있게 해줬다.

4

컴퓨터를 팔던 그 친구가 전 재산을 몽땅 PC방에 투자하기 전에 딱 한 가지, '만약 실패하면 어쩌지?'라는 고민만 해봤더라도 지금의 상황까지는 오지 않았을 것이다. 우리가 어떤 일을 시작하기 전에 먼저 '실패하면 어쩌지'라는 생각을 한다면 머릿속에 플랜B가 자연스럽게 떠오를 테고, 그러면 달걀을 한 바구니에 담는 어리석은 행동도 하지 않을 것이다.

안전하게 가고 싶다면 가장 좋은 방법은 올인하지 않고 위험을 분산시키는 것이다. 예를 들어 대학원에 지원할 때는 직장 정보에 더 많은 관심을 두고, 창업할 때는 공무원 시험과 취업시장의 흐름을 잘 파악해야 한다. 이런 일들이 당신의 에너지를 많이 소모하진 않을 것이다. 당신은 주로 플랜A만 집중하고 있을지 모르지만 플랜B는 혹시 모를 위험을 대처하는 능력을 준다.

몇 년 전《불안하면 지금 시작하라》라는 책을 썼는데, 거기서 나는 안정감을 포기하라고 계속해서 주장했다. 덕분에 수많은 네티즌의 비난을 감수해야 했다. 사실 이들의 비판은 내 책을 끝까지 읽지 않았음을 반증한다. 내가 책에서 말하고 싶었던 것은 어떻게 하면 더욱 안정시킬 수 있을까였다. 직장이라는 든든한 보험을 들고 나서 안정감과 성취감에 빠져 아무 일도 하지 않는 것이 아니라, 빨리 다른 바구니를 찾아 굶어 죽지 않도록 언제든지 직장을 떠날 수 있게 준비하는 것. 그거면 된다.

5

나는 이 이론이 일이나 창업, 각종 선택 등 많은 영역에 적용돼야 한다고 생각한다. 아! 적용되지 않는 영역이 하나 있는데, 그것은 바로 감정의 영역이다. 감정의 세계에서는 바구니가 많을수록 아무것도 얻지 못

청춘, 인생을 생각하는 시간

할 수 있다. 한 사람만 사랑하기로 했으면 그 사람만 사랑하는 것이 맞다. 설사 아무런 보상이 없이 상처만 입을지라도 말이다…….

감정은 달걀이 아니라 물이다.

첫 직장 입사 후 5년이
인생을 좌우한다

모처럼 한가한 오후, 친구를 만나서 차를 마셨다. 친구는 처음 직장생활을 시작할 때 신경 써야 하는 몇 가지 일들을 얘기해줬다. 그 조언에 깊은 깨달음을 얻은 나는 내 경험에 빗대어 이러한 관점을 재정립하여 공유하고자 한다.

친구는 이제 막 직장에 입사했거나 갓 졸업한 사람에게는 앞으로 5년이 매우 중요하며, 그 시간을 어떻게 보내느냐에 따라 인생이 좌우될 가능성이 크다고 했다.

곧 30대가 되는데, 누구든 서른이 되면 많은 사고 습관이 이미 굳어져서 다시 바꾸려 해도 쉽지 않다. 친구는 사람은 나이가 들수록 새로운 생각을 받아들이기가 더 어려우며, 이는 그들이 변하는 방법을 몰라서가 아니라 항상 자신이 믿는 것을 듣고, 보는 쪽을 선택하기 때문이라고 했다. 그래서 나이가 들수록 사람들 사이의 간격도 점점 벌어지는 것이다.

어떻게 보면 서른이라는 나이는 명확한 분기점이 된다. 어떤 사람은 더 이상 일하지 않아도 되지만 다른 어떤 사람은 여전히 죽어라 일해야 하고, 또 어떤 사람은 인생의 방향을 찾아서 한 발 한 발 나아가는데 다른 사람은 여전히 제자리걸음인 경우도 있다.

물론 저마다 좋은 점도 있고 어쩔 수 없는 부분도 있겠지만 그래도 나는 좀 더 자유로워지는 게 낫다고 생각한다.

이제 내가 정리한 10가지 노하우를 함께 살펴보자.

1. 퇴근 후 시간 잘 활용하기

사회에 첫발을 내디딘 이후의 5년이란 시간은 자신의 운명을 결정할 만큼 정말 중요하다. 업무 시간은 기본적으로 8시간으로 정해져 있고 모두 비슷한 삶의 패턴으로 살아가기 때문에 그 시간을 활용해서 다른 사람보다 더 나은 곳으로 갈 수 있는 확률은 희박하다. 하지만 이와 반대로 퇴근 후 시간은 사람마다 천차만별이다. 그 시간은 온전히 자신에게만 주어지는 시간이기 때문에 다양하게 활용할 수 있다. 게다가 이 시간을 어떻게 지혜롭게 활용하느냐에 따라 앞으로 당신이 어떤 사람이 될지 결정된다.

최대한 야근은 하지 않는 편이 좋다. 세계적으로 유명 엘리트들이 모여 공동으로 작업한 《엘리트 필수 코스》라는 도서 시리즈 중 어느 일본 작가가 쓴 내용에 따르면, 미국인들은 오후 5시가 되면 퇴근하는데, 만약 퇴근 전에 일을 마치지 못했다면 다음 날 아침 일찍 와서 남은 일을 마무리한다. 하지만 일본인의 사정은 이와 다르다. 그들은 퇴근 전에 일을 마치지 못하면 퇴근 시간을 미루고 회사에 남아 일을 마무리한다. 그러나 저녁 시간에는 능률이 떨어지기 때문에 미국인의 노동생산성은 일본인보다 높을 수밖에 없다. 그들은 오전 시간의 중요성을 누구보다 잘 알고 있다.

오전 시간의 소중함을 제대로 인식하지 못하는 일본인들은 대부분 출근 후 차를 마시거나 신문을 보고 이메일을 확인하는 데 시간을 쓴다. 그들이 9시 땡 하는 순간부터 업무를 시작한다면 업무 효율도 높아지고 매일 야근에 시달리는 일도 없을 것이다.

그러니 굳이 일부러 야근을 찾아서 할 필요는 없다. 차라리 낮 시간을 잘 활용하자. 야근하느니 집에 가서 보고 싶었던 드라마를 정주행하는 게 낫다. 그러면 긴장도 풀리고 기분도 좋아지기 때문이다.

드라마 정주행보다 퇴근 후의 시간을 현명하게 활용하는 방법은 그 시간을 낭비하지 않는 것이다. 그 시간을 낭비하지 않았는지를 판단할 수 있는 기준은 딱 하나인데, 바로 그동안 얼마나 열심히 노력을 기울였느냐는 것이다. 대상은 뭐가 됐든 크게 상관없다.

개인적으로 특별히 피곤하지 않다면 퇴근 후 책을 읽거나 운동을 하거나 외국어를 배우는 것을 추천한다. 물론 새로운 취미를 계발하는 것도 좋다. 이런 노력은 모두 미래의 당신을 위한 투자이며, 그것들이 당신의 인생을 바꿀 것이다.

하루 이틀 버티는 게 아니라 최소 1년을 버티다 보면 양적변화가 질적

변화로 바뀌는 것을 경험할 것이고 인생도 어느새 달라져 있을 것이다.

이걸 단순한 영혼을 위한 닭고기 수프(베스트셀러 책 제목으로, 마음에 위로를 주는 따뜻한 글이나 문장을 의미-옮긴이)라고 여기지 말고 일단 그냥 해보자. 끝까지 버텨낼 수 있는 사람은 많지 않겠지만 일단 버텨내면 누구든 고수가 될 수 있다.

2. 주어진 시간을 여러 번 팔기

지금 하는 일을 회사 CEO나 회사를 위한 일이라고 생각해서 아무렇게나 혹은 마음대로 하면 안 된다. 당신이 무슨 업무를 하든 물리적인 시간을 들여야 하고 그 시간에 결코 다른 일을 할 수 없다.

그러니 최선을 다해서 열심히 하고 보란 듯이 잘 해내는 것이 좋다. 시간을 두 번으로 나눠서 팔 수 있다고 가정해보자. 한 번은 회사에 팔아서 급여를 받고, 다른 한 번은 자신에게 팔아서 능력을 향상시키는 것이다. 정보화 시대에서는 굳이 시간을 들여 돈을 벌 필요가 없다. 새로운 생각이나 아이디어만으로도 얼마든지 돈을 벌 수 있다.

그러나 여기에는 당신의 시간이 여러 번 복제할 만한 가치가 있어야 한다는 전제가 따른다. 선생님이 수업 준비를 제대로 하지 않고 강단에 선다면 이런 시간은 몇 번이고 복제될 가치가 없다. 그러므로 먼저 좋은 선생님이 되고 나서 학생들을 가르쳐야 비로소 내 시간의 가치를 높일 수 있다.

자신의 시간을 먼저 가치 있게 하면 자신도 가치 있게 된다.

3. 돈을 버는 것보다 배우는 것이 더 중요하다

지금 직장이 졸업 후 첫 번째 직장이라면 '성장이 성공보다 중요하고, 경험을 쌓는 것이 돈을 버는 것보다 중요하다'라는 사실을 꼭 기억해주길 바란다.

이 말이 흔히 '자기계발서'에 등장하는 흔하디흔한 말로 들릴지도 모르겠다. 그러나 이제 막 직장생활을 시작했다면 지금의 삶을 영위할 정도로만 벌어도 괜찮다. 남은 시간에는 반드시 부족한 것을 배우거나 자신을 돌아보는 등 자신을 발전시킬 무언가를 하는 것이 좋다. 많은 사람이 대학에서 직장생활에 필요한 '기술'을 배우지 못한다. 즉, 대부분 사람에게 직장생활을 시작하는 것은 새로운 출발선 앞에 서는 것이다.

직장과 사회도 학교와 마찬가지다. 오히려 학교에서 가르쳐주지 않은 지식이나 이해하지 못하는 논리, 학교에서 경험해보지 않은 인간관계를 여기서 더 빨리 배울 수 있다. 직장에서는 프로젝트를 마치거나 회의를 하더라도 결과에 대한 반성과 정리를 해야 하는데, 그러면서 자신의 성장과 부족함을 이해하며 나아가야 한다.

고대 철학가 소크라테스는 '반성하지 않는 삶은 살 가치가 없다'라고 했다. 직장생활은 반성, 즉 성찰이 있어야 성공할 수 있어서 특히나 중요하다. 특히 직장생활 초반에는 성공보다 성장이 더 중요한데, 앞으로 성공하기까지 몇 년인가 더 남았지만 이를 위해서는 매년 성장을 이뤄야 하기 때문이다.

학교처럼 수치화된 시험 점수는 없지만 보이지 않는 순위는 존재한다. 과거의 자신과 현재의 자신을 비교해 그 순위가 조금이라도 발전했

청춘, 인생을 생각하는 시간

다면 그걸로 됐다.

4. 업무 외 활동도 즐기기

고된 업무 외에도 자기만의, 업무 외적인 활동을 하는 것이 좋다.

주말에 독서 모임에 나가거나, 휴가 때 러닝이나 피트니스를 하며 새로운 친구를 사귀도록 하자. 이런 활동이 필요한 이유는 첫째, 자신의 인간관계를 확장하다 보면 언젠가 직장에서 인맥이 무엇을 의미하는지, 소속감이 무엇을 의미하는지, 그것이 깨진다는 것은 또 무슨 의미인지 알게 될 것이다. 둘째, 공통 관심사를 가진 사람들이 모이기 때문에 그 안에서 인생의 동반자를 만날 가능성이 매우 커지기 때문이다.

얼마 전 내 친한 친구가 결혼했는데, 한 명은 의류업체, 다른 한 명은 금융회사에서 일한다. 서로 다른 업계의 두 사람이 이렇게 만날 수 있다니 상상도 못 했다. 알고 보니 두 사람 모두 여가 활동을 즐기는 사람들이었고, 어느 날 그 안에서 자연스럽게 만나 서로의 삶에 의미 있는 변화를 가져왔다.

5. 고수들과 어울리기

주변에 특정 업계의 고수가 있다면, 될 수 있으면 최대한 어울릴 수 있도록 노력하자. 설령 처음에는 돈을 벌지 못하더라도 고수의 곁에 있는 것만으로도 도움이 된다.

고수가 처음부터 당신을 반기지 않더라도, 그에게 배우기 위해 열심히 노력해서 자신의 가치를 높여야 한다. 왜 굳이 다른 사람을 따라다

녀야 하는지, 왜 나만의 희소성을 보여주면 안 되는지 볼멘소리를 하는 사람도 있을 것이다. 또 어쩌면 그렇게 하는 게 상대에게 잘 보이려고 애쓰는 거 아니냐고 반문하는 사람도 있을지도 모른다.

하지만 그렇지 않다. 이건 잘 보이려고 하는 게 아니다. 당신과 고수가 가까워진 후에는 그의 비위를 맞출 필요가 없다. 그저 평범하고 진취적인 당신의 모습을 지키기만 하면 된다.

고수와 가까워지면 질수록 당신도 자연스럽게 영향을 받아 의욕이 넘치고 에너지를 발산하게 될 것이다. 시간이 지나면서 당신은 은연중에 고수를 닮아가고 결국엔 그가 되고 다른 사람에게 영향력을 미칠 수 있게 된다.

세상이 어둡다고 불평하지 마라, 그건 당신이 빛나지 않기 때문이다.

6. 함께 운동할 친구 찾기

얼마 전 나는 회사의 '5km 달리기' 동호회에 가입해서 처음으로 5km를 달려봤다. 달리기를 마친 후 나는 SNS에 글을 올렸다.

'오늘이 동호회 가입 후 처음으로 달린 날인데, 벌써 탈퇴를 고민 중이다.'

물론 농담이었다. 동호회 사람들과 함께 뛴 것은 전례 없는 신선한 경험이었다. 원래의 나라면 3km 정도밖에 못 뛰었을 텐데 같이 뛰는 사람이 있으니 없던 힘과 의지가 생겼다.

당신 곁에도 함께 뛰어줄 친구가 필요하다. 아직 없다면 당장 오늘 회사에서 달리기 동호회를 하나 만들어도 좋다. 물론 당신이 주최자가 되어서 말이다. 그러면 당신의 조직 능력 또한 한 단계 업그레이드할 수 있다. 달리다 보면 언젠가 마라톤도 할 수 있을지 모른다. 혼자서는 빨리 갈 수 있지만 여럿이 가면 멀리 갈 수 있다.

웬디 스즈키Wendy Suzuki의《체육관으로 간 뇌과학자》에서는 운동을 통해 스트레스를 줄일 수 있고 인지 능력도 향상시킬 수 있다고 말한다. 함께 단련하면 함께 발전한다. 함께 운동하다 보면 강한 호감을 느끼게 되기 때문에 마라톤을 하다가 인생의 반쪽을 만난 내 친구처럼 우리에게도 그런 행운이 따라올지도 모른다.

7. 성능 좋은 컴퓨터 사용하기

그날 나는 친구에게 재미있는 질문을 하나 던졌다.

"만약에 내가 아예 일해본 적 없는 초짠데 좋아하는 일이 생기면 어떻게 시작해야 해?"

친구의 대답은 아주 간단했다.

"응, 그럼 일단 컴퓨터를 좋은 걸로 바꿔. 고성능 컴퓨터가 좀 비싸긴 하지만 쓰기 편하고 속도가 빠르면 일단 마음이 편안해지잖아. 만약에 네가 의욕이 가득 차서 컴퓨터를 켜고 누구보다 멋지게 PPT를 만들 준비를 끝냈는데, 전원을 켠 지 5분도 안 돼서 30분 동안 업데이트를 해야 한다고 메시지가 뜬다면 어떻겠어? 조금 전까지 타오르던 열정은커녕 의욕도 아예 사라질 거야. 그리고 또 3천 자가 넘는 글을 써야 하는데, 오늘따라 너무 잘 써지는 거야. 근데 갑자기 컴퓨터가 멈추면 지금까지 쓴 글이 다 날아가서 결국 처음부터 다시 써야 한다면……."

그 말을 듣다 보니 나도 모르게 금방이라도 눈물이 날 것 같았다. 친구는 이런 내가 이상했는지 왜 그러냐고 물었지만 나는 더 이상 묻지 말라고 했다. 더 얘기했다간 진짜 눈물을 흘릴 것 같았다.

지금 내 책상에는 컴퓨터 3대가 있는데 모든 작업마다 백업도 3번씩 한다. 그래도 나는 내 일이 너무 좋다.

8. 신뢰할 수 있는 사람 되기

직장에서는 신뢰가 무엇보다 중요하다. 직장에서의 신뢰란 어떤 의미인지 살펴보도록 하자. 회신은 되도록 빠르게, 그냥 무시해선 안 된다. 업무가 주어지면 답장은 필수다. 답장할 때는 그 안에 해결 방안이 있어야 한다. 해결 방안이 있으면 그에 상응하는 피드백이나 보고를 해야 한다. 또 사적으로 오갔던 사진을 임의로 게시하는 것은 물론이고 다른 사람의 말을 전하거나 고자질하거나 험담하지 말자.

별일 아니라고 생각할 수 있지만 제대로 지키는 사람은 별로 없다.

9. 회사 근처에 거주하기

대부분의 회사가 시내 중심에 있는 경우가 많고 주변 집값도 상대적으로 높아서 직장 근처에 사는 것이 부담스러울 수 있다. 더군다나 급여가 높지 않으면 집의 크기나 삶의 질을 포기해야 할 수도 있다.

하지만 나름대로 좋은 점도 많다. 출퇴근 시간을 엄청나게 단축할 수 있다. 길 위에서 장시간 있으면 행복 지수가 낮아진다는 사실을 알아야 한다. 마크 펜Mark J. Penn, 메러디스 파인만Meredith Fineman의 《마이크로트

렌드》를 보면 사람이 견딜 수 있는 최대 통근 시간은 45분이라고 한다.

직장 근처에 살면 이동 시간을 단축할 수 있을 뿐만 아니라 필요하면 언제든지 회사에 갈 수 있어 업무 유연성도 높아진다. 또한 편의점이나 백화점, 맛집 등 시내 중심에서 누릴 수 있는 혜택도 덤으로 주어진다. 집이 작아도 괜찮다. 이 도시가 다 당신의 집이라고 생각하면 된다.

능력이 강해지면 업무 성과도 좋아지고 급여 수준도 높아진다. 그러면 자연스럽게 집도 커진다. 하지만 이것은 전적으로 당신이 먼저 큰 집에 살기 원하는지 작은 집에 살기 원하는지에 달려 있다. 나는 이 책을 읽고 있는 당신이 당시 나의 선택과 같을 것이라고 믿는다. 안심해라. 미래는 항상 더 좋아질 것이다.

이것을 심리학에서는 만족 지연delay of gratification이라고 한다. 고수들이 고수인 이유는 만족 지연이 무슨 뜻인지 완벽하게 이해하고 있기 때문이다. 고생 끝에 낙이 온다는 말도 있지 않은가.

10. 사랑하는 모든 것과 함께하기

친구가 마지막으로 한 말이 있다.

"원래 가장 중요한 말은 마지막에 하는 거잖아. 항상 네가 좋아하고 사랑하는 것과 함께 있다는 사실을 명심해. 지금 하는 일이 원하던 일이 아니더라도, 지금 곁에 있는 사람이 딱히 좋아하는 사람은 아니더라도 말이야. 진짜 사랑하는 일, 그리고 사람들과 함께하고 싶다면 조금은 멀게 느껴지더라도 기대감을 가지고 멈추지 말고 달려가. 그렇다면 언젠가 원하는 바를 이룰 수 있을 거야."

2장

겉으로
노력하는 척하지 마라

추운 겨울일수록 잠잠히 배우며 내실을 쌓아야 한다.

실패보다 더 고통스러운 일은 시도하지 않는 것이다

1

내 친구는 연예인이다. 적지 않은 나이지만 아직 결혼하지 않았다. 사실 세상의 기준으로 보면, 빼어난 미모와 남부럽지 않은 재력을 갖춘 이 여성은 흠잡을 데 없었다. 그래서인지 따라다니는 남자들이 줄을 설 정도였다. 이 친구가 아직 결혼하지 않은 이유를 아는 사람은 별로 없다. 다만 결혼에 대한 기대감이 없고 사랑이라는 감정에 무뎌진 게 아닐까 조심스럽게 추측만 해볼 뿐이다.

하지만 실제로는 전혀 그렇지 않다. 나와 만날 때마다 친구는 결혼에 대한 기대감과 사랑에 대한 설렘을 끊임없이 말하곤 했다. 술이 한잔 들어가자 친구는 나에게 마음을 살짝 내비쳤다.

"난 나중에 사랑하는 사람에게 지중해처럼 아름다운 해변에서 프러

포즈를 받고 싶어."

이상하지 않은가, 그토록 원하는데 왜 이 친구의 사랑은 언제나 아무런 희망 없이 끝나버리는 걸까? 사실 답은 아주 간단했다. 상대방과의 관계가 매번 임계점에 도달할 때쯤, 우정에서 사랑으로 막 옮겨갈 때쯤이면 친구는 갑자기 상대방을 거절하거나 자취를 감추는 등 관계가 발전하는 데 찬물을 끼얹었다.

관계가 너무 깊어지면 자신이 통제력을 잃게 되고 이로 인해 혹시라도 상처받지 않을까 두려웠던 것이다. 상처받는 것이 두려워 제대로 된 사랑을 한 번도 해본 적이 없는 것이다. 그런 모습이 너무 의아했다.

"혹시 첫사랑 때 상처받은 적 있어?"

"아니, 나 아직 첫사랑도 안 해봤는걸."

"아……."

친구가 말을 이었다.

"그래도 너무너무 기대돼. 연애하는 기분이 어떨지 말이야."

2

나의 또 다른 친구는 연예인은 아니고 베이징에서 열심히 일하면서 사는 평범한 직장인이다. 예전에 그의 최대 관심사는 반복되는 출퇴근 생활에서 벗어나 좀 더 창의적이고 혁신적인 사업을 시작해서 자기만의 삶을 찾는 것이었다. 그래서 자신이 상상하는 창업 후의 삶이 어떤 모습일지 자주 얘기하곤 했다. 어디에서 살지, 어떤 차를 탈지, 그리고 1년에 몇 번 정도 해외여행을 다닐지 등 제법 구체적이었다.

그러나 3년이 지난 지금, 친구에게는 아무런 변화도 일어나지 않았다. 다니는 회사가 이사를 간 것 말고는 여전히 9시에 출근해서 6시에 퇴근하는 평범한 직장인의 삶 그대로였다. 어느 날 대화를 나누다가 넌지시 물었다.

"왜 아무것도 안 하는 거야?"

친구가 깊은 한숨을 내쉬었다.

"지금 창업한 사람들 좀 봐봐, 큰 회사도 저렇게 부도가 나는 상황에 뭐 하러 나까지 덤벼."

"너무 극단적인데. 나는 아직 살아 있잖아!"

"너도 얼마 안 남았어."

"무슨 말도 안 되는 소리야! 그럼 저 사람들이 조만간 다 망할 테니까, 네가 해보든지."

"시도는 해볼 수 있지, 근데 성공할 확률이 얼마나 될 것 같아?"

"최소한 시도는 해 봐야지. 3년 내내 창업한다는 말을 입에 달고 다녔는데, 지겹지도 않아?"

그 친구가 또 한숨을 깊게 내쉬었다.

"지금 이 시국에 창업하면 돈을 벌기는커녕 쫄딱 망할지도 몰라. 좀 더 기다려봐. 때가 또 오지 않겠어?"

그리고 이어서 지금 창업할 수 없는 이유 수만 가지와 이것을 뒷받침하는 이론 수십 개를 늘어놓으며 자신을 합리화하려 애썼다.

"아…….그래."

청춘, 인생을 생각하는 시간

더 할 말이 없었다. 그런데 그 친구의 마지막 말이 참 아이러니했다.

"근데 진짜 창업하면 기분이 어떨지 너무너무 궁금하긴 해."

3

시간이 흐르고 나서야 두 친구에게 공통점이 있다는 사실을 깨달았다. 두 사람 모두 실패의 고통이 두려워서 아예 시도조차 하지 않았고 결과적으로 오랫동안 더 큰 고통을 견뎌야만 했다.

미래가 두려워서 현재에 움츠리고 있는 게 훨씬 고통스럽다.

사실 내가 이해한 바로는 실패에 따르는 고통은 두려움으로 인한 고통과 비교하면 아무것도 아니다. 두려움으로 인한 고통은 그칠 줄 모르고 오랫동안 지속되지만, 실패로 인한 고통은 자기반성과 문제 해결만 뒤따른다면 금세 사라진다.

내 주변에도 창업에 실패한 사람들이 많다. 그들에게는 고통을 느끼는 것조차 사치다. 오뚝이처럼 바로 일어나 다른 분야로 옮겨가서 새로운 시도를 이어가느라 불평할 틈도 없다. 반면 아무것도 하지 않는 사람들은 오히려 시대를 탓하고 타인을 원망하기 바쁘다.

월 보웬Will Bowen의 《불평 없이 살아보기》라는 책은 우리의 발전을 막는 가장 효과적인 방법이 불평이라고 말한다. 대부분 사람은 상대의 행동을 보고 불평을 늘어놓지만, 상대방은 자신의 행동에 대한 불평을 인신공격으로 받아들이기 쉽다. 그뿐만 아니라 불평은 남보다 자기 자신에게 더 큰 상처를 준다. 불평하지 않고 할 수 있는 일은 단 한 가지, 행동하는 것뿐이다.

최근 들어 젊을 때는 승패보다 시도가 훨씬 중요하다는 생각이 든다. 이것은 사업이나 사랑에도 적용되지만 우리 인생에서도 마찬가지다.

나는 인생의 불균형이 두렵지 않다. 불균형하면 또 어떤가? 어떻게 보면 내 나이대에는 불균형이 좋은 일이다. 아예 없애지 못하는 한, 나를 성장시키는 원동력으로 삼으면 된다. 인생에서 항상 균형을 추구한다면 굉장히 지루한 삶을 살 확률이 높다.

균형이 무너져도 영혼을 잃어버리는 것은 아니다. 이런 어려움을 모두 경험하고 나면 나중에는 소소한 이야깃거리가 될 것이다.

4

나는 항상 친구들에게 매사에 신중을 기하되 너무 사소한 일까지 지나치게 신경을 쓰지는 말라고 한다. 너무 신중하다는 것은 그만큼 삶의 균형을 깨뜨리고 싶지 않다는 의미기 때문에 이런 사람은 오히려 자기만의 균형에 갇히고 만다. 그래서 나이가 들면 무미건조하고 밋밋한 삶만 남아 그의 인생에서 새로운 도전을 찾아보기는 힘들 것이다.

또 지나치게 신중하면 경계하는 눈빛으로 세상을 바라보게 되기 때문에 세상도 같은 시선으로 당신을 대할 것이고, 그러면 인생의 어떤 기회도 잡기 어려워진다. 물론 실패의 대가가 얼마나 큰 줄 아냐며 반박하는 사람도 있을 것이다.

하지만 걱정할 필요 없다. 우리는 아직 젊지 않은가, 원래 젊으면 가

청춘, 인생을 생각하는 시간

진 게 없는 것이 당연하다. 그런데 무슨 대가가 따르겠는가?

　매사에 신중한 건 참 좋은 태도다. 하지만 지나친 신중함이 도리어 두려움으로 변질된다면 그건 오히려 독이 된다. 신중함을 선택해서 두려움이 생긴다면 손해가 너무 큰 장사다.

　아무것도 가진 것이 없는 사람이 잃어봤자 자신을 묶고 있던 족쇄밖에 없는데, 이걸 반대로 생각해보면 온 세상을 얻을 수도 있다.

　한 번도 본 적 없는 새로운 세상 말이다. 이 세상은 실패보다 더 고통스러운 것들이 많지만, 한 번도 시도하지 않는 것보다 고통스러운 건 없다.

치열한 노력은 마음가짐일 뿐,
나이와 상관없다

1

인터넷에서 '서른이 되었는데도 아직 뭔가를 이루지 못했다면, 당신의
남은 인생도 그저 별 볼일 없이 흘러갈 것이다'라는 글을 읽은 적이 있다.

이 글을 쓴 사람의 의도는 어느 정도 이해가 간다. 대부분 만 스물두
세 살에 대학을 졸업하고 바로 취업한다고 가정하면, 서른이 되는 시점
은 적어도 직장생활을 한 지 몇 년은 됐다는 의미다. 한 직장, 한 분야에
서 일했는데 여전히 승진할 기미나 이렇다 할 성과를 내지 못했다는 것
은 말이 안 된다. 게다가 많은 사람이 30대에 접어들면 이유 없는 불안
함과 두려움에 휩싸인다. 집과 차를 마련하고 결혼해서 자녀도 낳아야
하는데, 어떻게 아직도 아무런 성과가 없을 수 있는가? 민망하지 않겠
는가? 그런 이유로 이 글이 인터넷상에서 엄청나게 화제가 되었고, 많

은 사람들의 갑론을박이 있었다.

이 시대에 사람들의 뜨거운 반응을 얻는 이슈나 글에는 두 가지 특징이 있는데, 불안감을 조성하거나 공감을 끌어내는 것이다.

하지만 이런 글이 아무리 인기가 많아도 그 안에 숨어 있는 논리를 자세히 살펴보면 분명히 허점이 있다. 너무 눈에 보여서 인정하지 않을 수 없다.

나도 서른 살 생일이 가까웠을 때 사람들에게 질문을 많이 받았다.

"사자성어 중에 삼십이립(三十而立)이라고, 나이 서른이면 확고한 뜻을 세우고 자립을 이룬다고 했는데, 당신의 서른도 그런가요?"

당시 나는 주저 없이 대답했다.

"아니요."

사람마다 '이루는' 것에 대한 기준이 너무 다르다. 어떤 사람에게는 억대 연봉일 수도 있고, 다른 사람에게는 결혼해서 가정을 이루는 것일 수도 있다. 또 어떤 사람에게는 둘 다일 수도 있다. 누군가 내게 이룬 것이 있는지 묻는다면 없다고 대답할지도 모른다. 나는 아직 어린 데다가 이제 막 시작했다고 말이다. 조급해할 필요가 없다. 삼십이립을 이야기한 공자의 세대 이후 너무 많은 시간이 흘렀고, 사람의 수명 역시 길어졌다.

런던 경영대학원에서 경영 실무를 가르치는 린다 그래튼Lynda Gratton 교수와 앤드루 J. 스콧Andrew J. Scott 교수가 쓴 《100세 인생》이라는 책을 보면 우리는 오십이 되는 해에도 한창 일을 하고 있을 테니, 서른에 무엇을 하고 있는지 말할 필요가 없다고 얘기한다.

요즘은 예순이 되어도 여전히 삶의 현장에서 치열하게 싸운다. 옛날이면 20대 여성이라면 이미 결혼해서 자녀를 둔 엄마가 되어 있어야 하겠지만 지금은 상황이 너무 바뀌었다. 그런데 어떻게 서른에 무엇을 이루었는지 물을 수 있겠는가?

캘리포니아대학교를 포함한 권위 있는 연구기관의 최신 데이터에 따르면 1840년 이후부터 인간의 수명은 연평균 약 3개월씩 증가하고 있다고 한다.

즉, 우리가 10년을 살 때마다 3년을 더 살 수 있다는 뜻이다. 21세기에 접어들면서부터 이러한 추세는 더욱 가속화되고 있으며, 2001년부터 2015년까지 불과 15년 만에 인간의 수명은 5년 이상 늘어났다.

이것은 우리에게 또 다른 깨달음을 가져다주었다. 누가 서른이 되면 반드시 성공해야 한다고 말할 수 있을까? 누가 그 나이면 엄청난 부를 쌓아야 하고, 모든 사람이 우러러보는 삶을 살아야 한다고 말할 수 있을까? 우리에게 주어진, 이렇게 긴 세월은 어떻게 운영할 수 있을까? 누가 여전히 서른에 인생의 성공을 이루어야 한다고 말할 수 있을까? 또 누가 서른에 성공하지 못하면 아무것도 아닌 인생을 산 것이라고 말할 수 있을까?

앞으로 나아가기 원하고 지금까지 그래온 사람에게 서른은 이제 시작일 뿐이다. 모든 것이 가능하다. 대기만성이라는 말도 있지 않은가. 목적을 가지고 노력한 세월은 몇 년 후 당신에게 모든 것을 가져다줄 것이다.

서른이 되면 얼마나 강력한 동력이 폭발하는지 예를 들어서까지 설명하고 싶지는 않다.

하지만 인터넷에 '서른의 역습'이라는 키워드를 검색해보면 지금 이 땅에서 벌어지는 수많은 격려의 이야기들을 확인할 수 있다. 나이는 생물학적 개념으로, 우리 육신인 몸뚱이가 이 세상에 얼마나 오래 살았는지만 보여줄 뿐이다.

그 외에 우리의 뇌나 인지, 영혼이나 미래를 결정할 수 없다.

서른은 여느 나이와 마찬가지로 특별한 의미가 없는 어떻게 보면 조금 과장된 개념에 지나지 않는다. 단지 사람들이 이 나이의 불안을 증폭시키는 데 익숙해져 있을 뿐이지, 우리와 얼마나 다른지 보여주는 것은 아니다. 나는 서른 살과 스물아홉 살이 신체적으로 매우 다르다는 말을 믿지 않는다.

서른은 나이에 불과하며, 하루하루가 과거기도 하고 미래기도 하다. 우리가 한 해의 하루를 어떻게 살아가느냐가 바로 그 한 해를 어떻게 사느냐를 의미하기도 한다.

다니엘 핑크Daniel H. Pink의 《언제 할 것인가》를 보면서 흥미로운 내용을 발견했다. 일반적으로 우리는 열아홉 살이나 스물아홉, 서른아홉, 마흔아홉처럼 '아홉'이 들어 있는 나이에는 마라톤을 하거나 번지점프를 하고 오로라를 보러 가는 경우가 많은데, 이는 나이대의 후반이 되면 시간이 빨리 흘렀다는 사실을 깨닫고 놀라운 힘을 발휘하기 때문이다.

그러나 곰곰이 생각해보면 사실 그것이 열아홉이든 스물아홉이든 모두 인위적인 시간의 척도일 뿐이다. 시계와 달력이 없다면 시간 자체도 척도를 잃어버린다. 다시 말해서 모든 나이는 열아홉이 될 수도 있고 스물아홉이 될 수도 있다는 말이다. 단지 우리가 어떻게 생각하느냐에 달려 있다. 모든 나이대에서 놀라운 잠재력을 발산할 수 있는 데에는 전제가 따르는데, 바로 우리 내면 깊은 곳에서 '0'으로 돌아가는 것을 선택하느냐 아니면 이 한 해를 완전히 다르게 보내느냐를 선택하는 데 있다.

어느 날 단짝 친구가 생각났다. 그도 영향력 있는 영어 강사였는데, 나는 그의 수업을 듣기를 좋아했다. 일타강사인 친구가 가진 시험적 기교가 좋아서라기보다는 그의 수업에서는 항상 변화를 느낄 수 있기 때문이다. 친구는 어디서 들어본 적도 없는 인터넷 신조어나 젊은이들만 이해할 수 있는 이야기를 하면서 수업 분위기를 이끌었다.

친구의 학교에서 선택과목을 개설할 때마다 그의 수업은 항상 인산인해를 이루어 눈을 씻고 찾아봐도 빈자리가 없었다. 오랫동안 알고 지냈지만 그의 이러한 수업 방식이 세대를 거쳐 끊임없이 사랑받는 것이 매번 정말 대단하다는 생각이 들었다. 그래서 나는 그를 우리 회사로 스카우트해서 온라인 수업을 진행해달라고 했다. 그는 흔쾌히 동의했지만 두 가지 계약 조건을 걸었다. 얼굴을 노출하지 않을 것, 그리고 자신의 실명을 쓰지 않을 것.

얼마 후 그의 수업을 들은 학생들이 그를 형이라고 부르며 온갖 칭찬 세례를 쏟아내는 모습에 입이 다물어지지 않았다. 그는 결코 학생들이 형이라고 부를 수 있는 사람이 아니었다. 이미 40대 중반에 들어선 선생님에게 '형'이라니, 정말 믿을 수 없었다. 목소리가 젊은 편인데다가 얼굴을 노출하지 않아서 그런지 학생들은 좀처럼 그의 나이를 가늠하지 못했다, 아니 할 수 없었다.

지금은 온라인 수업을 그만뒀지만 지금 있는 학교에서도 여전히 학생들에게 인기가 많다고 들었다. 지금 가르치는 학생들은 어린 세대지만 그들은 마치 큰오빠, 큰형이 이야기해주는 것처럼 친근하게 여기며 위화감을 전혀 느끼지 못한다고 한다.

일전에 그에게 물어본 적이 있다.

"지금 그 나이에도 어떻게 이런 열정을 유지할 수 있는 거죠?"

"무슨 소리야, 난 아직 젊다고."

"아니, 장난치지 말고요."

"장난이 아니라 진심이야. 나 정도면 아직 젊지."

나중에야 그가 정말 그렇게 생각한다는 것을 깨달았다. 그는 자신이 마흔다섯 살의 아저씨라고 생각하지 않고 매일 새로운 문화를, 잘 알지 못하는 영역의 지식을 배우며 새로운 사람들을 만나왔다.

그는 서른아홉 살이 되던 해에 프랑스어를 배우러 학원에 다녔다. 왜 배우냐는 나의 질문에 그는 배움 앞에서 우리는 모두 어린아이일 뿐이고 배움과 나이는 아무런 상관이 없다며 짧고 통찰력 있는 대답을 전했다. 지금 그는 이미 3개 국어를 구사할 줄 안다.

이게 대체 나랑 무슨 상관이냐고 말하는 사람도 있을 것이다. 지금도 시간을 낭비하고 있는 사람들이 있다면 생각을 바꾸면 된다고 말해주고 싶다. 매년 돌아오는 해를 스물아홉, 서른아홉 살이라고 생각하거나 청춘을 불태울 수 있는 마지막 해라고 여기면 된다. 그러면 스스로 동기부여를 하고 배우기에 힘쓰고 변화를 기대하며 긍정적인 긴장감을 유지할 수 있다. 이것이 '이 나이에는 이렇게 해야 한다'는 숙명론보다 낫지 않을까?

그래서 30대에 접어들면서 극도로 불안함을 느끼는 이들에게는 그렇게 겁먹을 필요 없다고 말해주고 싶다. 매해를 스물아홉 살이라고 생각하고 다시 시작하면 그만이다.

3

'눈물 젖은 빵을 먹어본 적이 없는 사람은 인생의 맛을 모르는 사람이다.'

모두가 알다시피 이 문장은 독일의 대문호 요한 볼프강 폰 괴테가 쓴 글인데, 예전에 이 문장을 읽고 깊은 감동을 받았다.

괴테는 어릴 적부터 의기소침했고, 실연의 아픔과 친구를 잃는 고통까지 겪어야 했다. 그는 사랑하는 여인 샬럿에게 고백하고 싶었지만 그녀는 결국 다른 사람과 결혼하고 말았다. 이로 인해 그의 영혼은 산산이 부서졌고 인생이 허무하게 느껴졌다.

당시 그에게 인생이 얼마나 무의미하고, 모든 것이 얼마나 무료하고 무기력했을지 대충 짐작이 간다. 책에서도 읽었지만 괴테는 스스로 목숨을 끊으려고 날카로운 단검을 품은 채로 인생을 마감할 완벽한 때를 기다리고 있었다. 그러다 운 좋게도 감정을 표현할 다른 방법을 찾아냈고, 자신을 서재에 가두고 다친 상처를 펜으로 찔렀다. 놀랍게도 피가

청춘, 인생을 생각하는 시간

멈췄다. 그 후 괴테는 한 달도 채 안 되어 《젊은 베르테르의 슬픔》을 펴냈다.

아마 우리 모두가 이 피 묻은 책을 읽어봤을 것이다. 그 이후로 괴테는 유명해졌고 30대에 귀족 지위를 얻었다. 그의 인생은 이제 시작이었다. 괴테는 여든두 살까지 살면서 주옥같은 작품을 많이 남겼는데, 그중에서도 낭만주의와 사실주의를 결합한 《파우스트》가 역작으로 꼽힌다. 괴테는 이 작품을 60년에 걸쳐서 집필했다.

만약 괴테가 고통 속에서 생을 마감했다면 《젊은 베르테르의 슬픔》은 세상에 나오지 못했을 것이다. 그러나 다행스럽게도 그가 극단적 선택을 하지 않았기 때문에 우리는 문학사에서 이 아름다운 작품을 만날 기회를 얻었다.

4

정말 힘들고 지칠 때 몇 살까지 일해야 은퇴할 수 있는지 계산해봤다. 그러다 사흘 이상 집에 머물며 아무것도 하지 않으니 어느새 그런 생각을 바로잡게 됐다.

'인생을 위한 노력은 평생 하는 것이지, 나이는 상관없구나.'

끊임없이 노력하는 사람은 방황하지도, 나이가 들어가는 것을 걱정하지도 않는다. 나는 '이 나이가 돼서 젊은이들 일자리를 빼앗을 수 없지'라고 말하기 좋아하는 사람들을 만나기 꺼린다.

이 세상이 필요로 하는 사람은 유능한 사람이나 고수, 꾸준히 노력하는 사람이지 어느 특정 나이의 사람이 아니다. 나이마다 능력자도 있고 쓸모없는 사람도 있지만 모두 종종 착각한다. 내가 처음 사업을 시작할 때 선생님 한 분을 찾아뵙고 친구들 몇 명과 같이 일을 하려고 한다고 말씀드렸더니, 조언을 해주셨다.

"너와 동업하는 사람이 유명한 사람이거나 대단한 사람일 필요는 없 단다. 그저 일을 할 수 있는 사람이라면 그걸로 충분하다는 걸 꼭 기억 해두거라."

그 진심 어린 충고는 나에게 깊은 깨달음을 남겼다. 우리는 일정 수 준에 다다르면 지금까지의 공적만 붙들고 이 모든 것이 지극히 당연한 일이라고 생각하는 경우가 많다.

요즘 젊게 사는 방법을 알려주는 광고가 많다. 우리 몸은 흐르는 세 월을 막을 수 없지만 나이가 들어가는 사실을 잊게 할 수는 있다. 그것 은 무슨 일을 하든 의욕을 유지하는 것이다.

영원히 그 길을 멈추지 않고 앞으로 나아가는 것이야말로 나이와 상 관없이 '나는 이제 시작이야'라고 스스로 상기시키는 방법이다. 돌아오 는 한 해 한 해가 새로운 시작이 된다면 우리의 하루하루도 새로운 시 작이 될 수 있다.

그러니 누군가 당신에게 40대나 돼서 아직도 인생의 방향을 찾지 못 하고, 30대가 됐는데도 여전히 이뤄낸 것이 없고, 또 20대에 뭘 해야 할 지도 모르고 있다고 비아냥거린다면 바로 돌아서면 된다.

인생에 있어서 가장 큰 저주는 서로의 다른 방식을 마음대로 판단하 고 정의하는 것이기 때문이다. 물론 나이로 정의하는 것도 마찬가지다.

청춘, 인생을 생각하는 시간

인생은 봄날에 피는 꽃처럼 시들어 사라져도 언젠가 다시 피어난다. 우리 인생은 여전히 봄날이다. 이 사실을 믿느냐 믿지 않느냐는 우리의 몫이다.

모든 막다른 길 뒤에 있는
꽉 막힌 사고방식

1

인터넷 게시물을 보다가 재미있는 게시물이 있어서 공유해보려고 한다.

당신에게 두 가지 옵션이 있다. 하나는 지금 바로 100만 달러를 받는 것, 다른 하나는 1억 달러를 받거나 혹은 한 푼도 못 받는 것. 어떤 것을 선택할 것인가?

이것은 아주 전형적인 질문으로 인터넷상에 다양한 버전이 존재한다. 그저 구체적인 숫자만 다를 뿐이다. 이 문제의 본질은 당신의 위험 부담 능력을 시험하는 것이다. 바로 100만 달러를 받고 끝내는 사람도 있고 한몫 챙기기 위해 기꺼이 50%의 확률에 기대를 거는 사람도 있다.

은행에서 일하는 내 친구는 사람마다 위험을 감수하는 능력이 얼마나 다른지 겉모습으론 결코 알지 못한다고 말했다. 겉으로는 아주 건장해 보이는 어떤 사람은 위험부담 능력이 거의 없어서 원금 회수가 보장되는 금융 상품만 구매한다. 그리고 안경을 쓰고 점잖아 보이는 어떤 사람은 물불 가리지 않고 전 재산을 고위험 상품에 투자하기도 한다.

따라서 이 질문에 대한 답은 전적으로 당신이 어떤 사람이고, 위험을 감수하는 능력이 얼마나 강한지에 달려 있다.

이 문제의 통계 결과를 살펴보면 아주 흥미롭다. 대부분 사람이 100만 달러를 받아 갔고(당연하다. 누가 돈을 마다하겠는가), 극소수의 사람들만이 위험을 감수하고 50% 확률의 모험을 하기로 했다.

그러나 그 게시물 아래에 매우 참신한 방법을 제안한 댓글이 있었다.

'사실 당신은 선택할 권리를 2,000만 달러를 받고 다른 사람에게 팔면 된다. 이 선택의 최고 기대치는 1억 달러의 50%인 5,000만 달러기 때문에 기꺼이 위험을 감수하고자 하는 사람에게 2,000만 달러에 판다면 당신의 기대치도 100만 달러에서 2,000만 달러로 높아진다. 그럼 양측 모두 이익을 얻을 수 있다.'

이렇게 기발한 생각을 할 수 있다니, 정말 입이 다물어지지 않았다. 누군가 그 게시물에 또 댓글을 달았다.

'당신보다 돈이 많고 이 기회가 필요한 사람을 찾아서 100만 달러에 선택권을 팔 수도 있다. 단, 만약 1억 달러에 당첨됐을 때 절반씩 나누어야 한다는 조건이 필요하다. 이렇게 하면 원래 수익을 보장받을 수도 있고 더 큰 수익을 낼 수도 있으니, 훨씬 좋은 것 아닌가?'

이후로도 많은 사람의 상상력이 발휘되면서 다양한 방법들이 쏟아져 나오기 시작했다. 그 돈으로 로또를 사거나 펀드나 레버리지투자를 하라는 사람도 있었다. 순식간에 댓글 창이 활성화되면서 얼떨결에 서로의 경제학 지식을 공유했다.

나는 경제학에 대해 잘 모르지만, 그날 알게 된 것은 우리에게 선택의 여지가 없었던 것이 아니라 우리의 상상력이 선택을 제한하고 있었다는 사실이었다.

미국의 작가 윌리엄 스타이런William Styron의 소설 《소피의 선택》에서 독일 장교는 소피에게 아이들 중 한 명만 살려주겠다며 가스실로 보낼 아이를 소피 스스로 선택하라고 윽박지른다. 둘 중 하나를 선택하지 않는다면 두 아이 모두를 죽이겠다는 제안 아닌 제안에 소피는 딸을 '선택'해버리고 만다. 소리소리 지르며 독일 병사에게 안겨 멀어지는 딸을 보며 소피는 오열한다. 소설 속 소피는 선택 앞에서 고통스러워했지만 현실 속 우리에게는 선택권이 훨씬 많다.

선택 자체가 잔인해 보이긴 해도 실제로 그 뒤에 있는 답은 그렇게 차갑지 않다.

2

며칠 전 몇몇 선생님과 베이징 내 유명 대학을 돌며 학생들을 만나기로 했다. 나는 늦게 도착해 그룹에 합류했을 때는 이미 점심시간이 다 되어서였다. 우리는 한 학교 입구에서 학생들과 대충 사진을 찍고 점심 식사를 위해 식당으로 향했다.

가는 길에 한 학생과 대화를 나누었는데, 그 학생이 나에게 물었다.

청춘, 인생을 생각하는 시간

"제가 벌써 4학년이 됐어요. 지금 선택의 기로에 서 있는데 무엇을 선택해야 할지 너무 고민이에요. 하나는 학교에서 주는 대학원 장학금을 받고 석사 진학을 하는 거고요. 다른 하나는 세계 500대 기업에 들어가는 거예요. 사실 둘 다 너무 좋은 조건이라 더 고민이 돼요."

누가 들어도 정말 부러울 만한 상황이었고 어느 것 하나 포기하기 아까운 선택지였다. 심지어 명문대에 다니는 재원도 선택 앞에서의 갈등은 어쩔 도리가 없다니, 한편으로 신기하기도 했다.

"제가 대학원을 가기로 하면 취업을 포기해야 하고, 취업을 선택하면 대학원을 포기해야겠죠."

"당연하지. 하지만 다행인 건 어느 쪽을 선택해도 다 너에게 좋은 선택일 거라는 거야."

학생은 계속해서 어떻게 해야 할지 고민하고 또 고민하며 묻고 또 물었다. 순간 위에서 말했던 게시글이 생각나서 그대로 전달해줬다.

"한 가지 옵션만 있는 선택은 존재할 수 없어. 마음을 열고 생각의 벽을 허문 다음에 다시 생각해봐."

사실 나도 구체적으로 어떻게 해야 한다는 건 모르겠지만 분명 방법이 있을 것은 알 수 있었다. 한참 생각에 잠겨 있던 학생이 다시 물었다.

"선생님, 꼭 둘 중 하나를 선택해야 하는 건 아니잖아요? 대신 전부 선택할 수도 있고요!"

"정확하게 얘기하자면 너는 둘 중 하나를 선택해야 하지만 머리를 잘 굴려봐, 틀림없이 더 좋은 길이 있을 거야."

학생이 고개를 끄덕이자 아무 생각 없던 나도 덩달아 고개를 끄덕였다.

과연 어떤 선택을 했을까? 몇 주 후, 그 학생은 학교에서 주는 장학금을 받기로 했다. 사실 평소 그 학생이 바라던 기회였다. 그리고 이와 동시에 회사와 계약을 했는데, 겨울방학 동안 회사에서 인턴을 하면서 서로에게 필요한 존재인지 살펴본 후 합의가 되면 졸업 후 정식으로 입사하기로 했다며 기쁜 소식을 전했다.

둘 중 하나를 고민하던 그 학생은 결국 두 마리 토끼를 모두 잡았다. 정말이지 이보다 완벽한 선택은 없을 것이다.

3

분명히 그 학생이 똑똑하고 잘났기 때문에 더 많은 선택권을 가질 수 있었던 것이고, 잘나지도 똑똑하지도 않은 자신에게 그렇게 많은 선택권이 주어질 리 없다고 생각하는 사람도 있을 것이다.

우선 우리는 마태 효과Matthews effect의 존재를 인정해야 한다. 마태 효과는 사회학자와 경제학자들이 자주 쓰는 용어로, 1969년 미국 사회학자 로버트 머튼Robert K. Merton 교수가 '무릇 있는 자는 받아 풍족하게 되고 없는 자는 그 있는 것까지 빼앗기리라'는 성경의 마태복음 25장 29절에 착안해 사용하기 시작했다. 흔히 우리말로는 '빈익빈 부익부'라고 표현하기도 한다.

일부 자원이 부족한 건 확실하지만 그렇다고 선택의 여지가 없는 것은 아니다. 생각을 확장할 수만 있으면 복잡하고 다양한 이 시대를 살고 있는 우리에게도 다양한 선택의 기회가 주어진다.

청춘, 인생을 생각하는 시간

나는 수업 시간마다 학생들에게 오스트리아 출신의 유대인 심리학자 빅터 프랭클Viktor Frankl이 쓴《죽음의 수용소에서》를 추천한다. 그 이유는 이 책의 완벽한 구성과 흥미로운 이야기, 또는 작가의 시대를 앞선 생각 때문만 아니라, 읽을 때마다 항상 내 영혼을 뒤흔드는 한 문장 때문이다.

'선택의 여지가 없는 극한 상황에서 자신의 태도를 선택할 수 있는 자유가 인간이 가질 수 있는 가장 마지막 자유다.'

처음 이 책을 읽었던 때가 떠오른다. 당시 내 인생은 막막함 그 자체였고 나에게 선택이란 게 주어지지 않을 것 같았다. 책을 보는 내내 뜨거운 눈물이 뺨에서 마르지 않았다. 인간에게 모든 것을 빼앗아갈 수 있어도 단 한 가지, 마지막 남은 인간의 자유인 주어진 환경에서 자신의 태도를 결정하고 선택할 수 있는 자유는 남아 있다는 말이 가슴 깊이 파고들었다.

제2차 세계대전 중 나치 강제수용소에 수감된 프랭클은 죽음이라는 막다른 골목에 서 있었다. 하지만 그 와중에도 여전히 손에서 책을 놓지 않고, 유리 파편을 주워서 면도하고, 신발을 깨끗하게 닦는 사람들을 보았다. 그들에게 선택의 여지는 없었지만 자기만의 변화를 조금씩 이루어내고 있었다.

그들의 선택은 '긍정' 딱 두 글자였다.

이렇게 인생의 마지막 순간에도 선택이란 것을 할 수 있는데, 우리에게 선택권이 없었다고 말할 수 있는가?

윌리엄 글래서William Glasser의《선택이론》에서 읽었던 이야기가 떠올랐다. 토드는 아내와의 결혼생활이 이미 끝났다는 것을 감지하고 있었다. 부부 모두 관계가 회복될 수 없다는 사실을 잘 알고 있었지만, 토드는 이혼을 원치 않았다. 토드는 이혼을 선택하거나 그런 선택을 강요당할까 봐 몹시 두려웠다.

글래서는 토드에게 상황을 변화시킬 수 있는 선택의 여지가 없더라도 자신의 감정을 아내에게 더 많이 표현할 수 있도록 여러 방면으로 도움을 주었다. 결국 토드는 한 번 더 시도해보기로 마음을 먹고 아내에게 사랑이 가득 담긴 편지를 썼다. 아내가 그 편지에 감동하긴 했지만 여느 아름다운 소설처럼 곁에 영원히 남지는 않았다. 아내는 힘들었던 결혼생활을 청산하고 새로운 삶을 찾아 떠났다. 그러나 그 후 토드는 윌리엄에게 기분이 훨씬 나아졌다고 했다.

사실 토드는 이혼이 이미 정해진 결과임을 누구보다 잘 알고 있었다. 토드의 선택지는 늘 결혼생활 유지와 이혼밖에 없었다. 하지만 이번에는 세 번째 선택을 함으로써 아내를 사랑하는 마음으로 보내주기로 했다. 그렇게 토드는 자신의 노력으로 선택지를 하나 더 늘릴 수 있었다. 아내에게 사랑을 표현하면서 자신의 사고방식이 조금씩 변해가는 것을 느꼈고, 어느 한 사람만이 자신을 행복하게 만드는 것이 아니라, 사랑하고 사랑받는 느낌이 자신을 감동시킬 수 있다는 것을 깨달았다. 그래서 토드는 마음속 깊은 곳에 선택지를 하나 더 추가했는데, '아내와 함께 있으면 행복할 수 있다'를 '서로 사랑하는 사람과 함께 있으면 행복할 수 있다'로 바꿔 생각하면서 고통도 점점 사라졌다고 한다.

선택의 지혜는 이뿐만이 아니다.

몇 년 전 알게 된 어느 중년 여성은 매일같이 술에 취한 남편에게 폭행당했다. 직장을 그만둔 지도 오래된 데다 가정불화도 계속되다 보니 거의 죽지 못해 살고 있었다. 게다가 자녀를 낳은 후 살이 너무 많이 쪄서 온갖 질병을 달고 살았다. 여성은 자신이 쓸모없고 비관적, 절망적인 상태라며 선택할 수 있는 게 아무것도 없다고 속상해했다.

"정말 그래요?"

"네, 저는 이미 인생의 막다른 길에 다다른걸요."

그러나 사실은 그렇지 않다. 매우 어려운 선택이긴 하지만 각자 자기만의 선택이 있다. 한 달 후, 여성은 작은 방을 얻어서 이사하고 부모님과 함께 자녀를 양육하며 운동을 시작했다. 과거와 달리 적극적으로 새로운 생활 전선에 뛰어들기로 한 것이다.

얼마 지나지 않아, 이 여성은 혼자 자녀를 돌봐도 아무런 문제가 없으며 이런 생활도 자신만의 또 다른 세상이 될 수 있다는 사실을 깨달았다. 결국 이혼하고 홀로 아이를 양육하기로 선택했다. 2개월 후 10kg 감량에 성공했다. 이보다 중요한 사실은 이 여성이 행복을 되찾았다는 것이다. 나와 다시 만났을 때 그녀는 젊음을 되찾은 것 같았다.

이제 그는 방송을 통해 자신의 이야기를 나누고 있다.

"세상을 너무 비관적으로 바라보지 말고 고난의 연속이라고 생각하지 마세요. 우리가 막다른 길에 몰렸더라도 선택할 수 있어요. 우리 등 뒤에 벽이 버티고 있어도 벽을 뛰어넘을 수 있는 길을 만들 수 있어요."

이 세상에 막다른 길은 없다. 다만 절망에 빠진 사람들이 많으면 어딜 가도 활기가 느껴지지 않고, 생각이 멎은 사람들이 많으면 어딜 가도 막다른 길이라고 느껴질 것이다. 안타깝게도 많은 사람이 자신의 길을 막다른 길이라고 생각하고 더 이상 나아갈 곳이 없다며 절망의 눈물을 흘리곤 한다. 모든 막다른 길 뒤에는 부정적인 생각들이 자리 잡고 있다.

길은 밖으로 걸어 나오는 것이자 인생을 살면서 스스로 찾아가는 것이다. 게다가 우리에게 무수히 많은 생각지도 못한 선택지가 있다는 사실을 기억해두길 바란다.

청춘, 인생을 생각하는 시간

나이가 들수록
더 큰 세상을
볼 줄 알아야 한다

1

예전에 어느 회의에서 했던 이야기다.

어느 날, 나는 홍콩에 있는 한 서점에서 한참 책을 보다가 기운이 빠지면서 커피 생각이 간절했다. 정말 커피 한 잔만 마시고 싶다는 단순한 생각이 이런 재앙을 가져올지 몰랐다. 얼핏 봐도 어려 보이는 아르바이트생은 흔히 중국에서 사용하는 표준어를 할 줄 몰랐고 나도 홍콩의 광둥어를 할 줄 몰랐다. 거기다 그 아르바이트생도 일한 지 얼마 되지 않았는지 메뉴판도 찾지 못해 우왕좌왕하며 내게 손짓으로 말해보라고 했다. 사실 내 커피 취향이 좀 까다로워서 커피를 마실 때 설탕도 우유도 넣지 않는다. 어쩌다 설탕을 추가하면 반 숟가락 정도, 우유를 추가하면 탈지유만 추가하는 정도였다. 그런데 이걸 손으로 설명하자니 나도 모르게 한숨부터 나왔다.

하지만 다행히도 몇 분 뒤, 나는 하버 시티에 앉아서 이 도시를 가득 메운 고층 빌딩과 강 위를 유유자적 떠다니는 크루즈를 바라보고 있었다. 당연히 나에게는 노트북 외에도 아메리카노도 한 잔이 들려 있었다. 그것도 탈지유와 설탕 반 숟가락이 추가된 채로 말이다.

이 일이 어떻게 가능했을까?

마침 나와 아르바이트생 모두 제삼의 언어인 영어를 할 줄 알았기 때문이다. 회의를 마친 뒤 회식 자리에서 술에 잔뜩 취한 나이가 좀 든 친구가 말했다.

"영어라고 해봤자, 달랑 두 마디 한 거 아니야? 뭐 그리 생색이야."

내가 무슨 생색을 냈다고 그러는 건지 한참 생각하다 보니 갑자기 화가 났다.

"그래, 달랑 두 마디라도 생색 좀 내면 어때서? 너도 하면 되잖아."

친구는 이 논쟁을 끝낼 생각이 없어 보였다.

"뭐, 영어 두 마디 한다고 해서 그렇게 잘났다고 생각하지 않아. 요즘 번역 앱이 얼마나 정확한데, 뭐 하러 외국어를 배워? 배워봤자 아무 소용없어!"

옆에 있던 다른 친구가 치고 들어왔다.

"그럼 대체 뭐가 대단한 건데?"

그는 갑자기 멍해졌다. 딱히 어떻게 정의하면 좋을지 모르는 것 같았다. 다행히 그날 우리의 논쟁은 '무엇이 대단한가!'에 대한 토론으로 성공적으로 전환됐다. 정말 사람과 사람을 비교할 수 있을까? 다른 사람

청춘, 인생을 생각하는 시간

과 비교할 수 없다면 자신과 비교할 수 있을까?

그날 밤, 이 질문이 머릿속에 계속 맴돌았다. 대체 대단하다는 게 뭐지? 한 치 앞도 알 수 없는 인생을 즐기면서 아무것도 하지 않는 것도 대단한 거고, 평범하고 밋밋하게 지내는 것도 나름 대단하다고 할 수 있지 않을까?

며칠 뒤 친한 친구의 SNS를 보다가 그 친구가 오로라를 보러 북극에 다녀온 사진을 보았다. 별거 아니라고 생각할 수도 있지만 그 친구 인생을 돌아보면 정말 엄청난 사건이다. 친구는 허난성의 어느 시골 마을 출신으로 집안은 대대로 농사를 지으며 살아왔다. 고등학교 졸업 후 베이징사범대학교에 진학했고 장학금을 받으며 베이징대학교에서 석사 과정까지 마쳤다. 졸업 후 2년 동안 번 돈은 거의 모두 고향에 있는 가족들에게 보냈다. 부모님의 강요로 결혼한 친구는 결혼 1년 만에 남편의 외도를 목격하고 이혼을 결단한 후 세계여행을 떠났다. 개인 방송을 통해 자신의 여행기를 남기자 친구의 방송을 좋아하는 팔로워도 늘어나면서 덩달아 광고도 붙기 시작했다. 올해 서른셋밖에 되지 않았지만 지금까지 40개국 이상을 돌아다녔다. 어떤가? 이렇게 보면 너무 멋지지 않은가?

문득 '대단하다'는 말은 이렇게 정의되어야 한다는 생각이 들었다. 나이가 들수록 자신이 속한 세상을 확장할 수 있는 힘을 가진 사람이야말로 진짜 대단한 사람이 아닐까. 물론 평범한 것을 좋아하는 사람도 있겠지만 그렇다고 이 친구의 인생이 대단하지 않다고 부정할 수는 없을 것이다.

갑자기 대부분 사람이 그날 그 형님과 같다는 생각이 들었다. 중년이 되면 인생에서 뭔가 돌파하고자 하는 가능성, 의지가 줄어들기 때문에 온종일 아무것도 하지 않고 점점 그저 많아진 나이만 앞세우는 소위 '꼰대'가 되고 만다. 단순히 나이가 많기 때문에 대단하다고 한다면, 한 살 한 살 먹으며 살아 있기만 하면 저절로 대단한 사람, 대단한 인생이 된다고 할 수 있는 것일까?

그래도 형님이 깨달음을 준 것에 감사하다. 그 엉뚱한 트집이 아니었으면 나 또한 이를 진지하게 고민해보지 않았을지도 모른다.

2

예전에 그리스에 갔을 때 알게 된 '누나'가 생각났다. 나보다 겨우 석 달 먼저 태어났을 뿐인데 영어 외에도 다양한 외국어를 구사할 줄 알았다. '멋있으면 다 언니'라는 말처럼, 나에게 그 사람이 그랬다.

그리스 사람들은 영어를 잘하지 못해서 간단한 인사 외에는 웬만한 소통도 여간 힘든 일이 아니었다. 그런데 당시 나는 그리스신화 수업을 준비하고 있었던 터라 그와 관련된 자료를 수집해야 했다. 그리스를 간 목적이 이보다 명확할 수 있을까. 그래서 어떻게든 그들과 소통해야만 했다.

하지만 그리스 학자들과 교류할 때 영어를 사용하는 것은 사실상 불가능했다. 기본적인 인물의 이름에 대한 합의에 도달하지 못할 가능성이 매우 컸다. 그래서 이틀 전에 이 분야 학자들을 인터뷰했지만 모두

청춘, 인생을 생각하는 시간

헛수고였고 갑자기 모든 일이 교착 상태에 빠지고 말았다.

그렇게 속수무책으로 있을 때 지인의 소개로 이 누나를 알게 됐다. 대학에서 영어를 전공한 누나는 졸업 후 그리스에 남아 강사로 일하다가 부동산 회사에 취직해 아테네 사람과 결혼했다. 처음에는 남편과 영어로 대화를 나누다가 시간이 지나면서 상대방의 문화적 배경을 깊이 이해해야 한다는 생각에 그리스어를 배우기로 했다. 이야기를 나누던 중 이 누나는 인공지능이 문장은 번역할 수 있어도 문화까지 번역할 수 없다고 말했다.

어떤 언어든 언어를 배우는 일이 참 어려운 일이다. 그에 비하면 누나는 엄청난 재능을 타고났는지도 모른다. 그리스어를 배운 지 얼마 지나지 않아 놀랍게도 사람들과 간단한 대화 정도는 할 수 있게 됐고, 점차 자기 일을 하면서 가끔 통역을 해서 부수입을 낼 수 있는 수준에 이르렀다.

3일째 되는 날, 그리스신화를 전문적으로 연구하는 선생님과 장장 3시간 동안 대화를 나눴다. 내 노트북에 각종 기호와 줄임말이 가득할 정도로 꽤 얻는 것이 많아 만족스러운 시간이었다.

일정이 다 끝난 후 나는 누나에게 고마운 마음을 전했다.

"정말 감사해요. 저도 그리스어를 배우고 싶네요."

그 말을 듣고 내 조교는 어이가 없다는 듯 고개를 갸웃했다.

"배워서 뭐 하시게? 할 일은 다 끝난 거 아닌가?"

"저도 알죠. 그냥 재미로 배워보고 싶다는 거예요."

그날 밤, 나는 누나에게 간단한 인사말 몇 개와 그리스 글자도 배웠다. 첫 번째 자음을 배우는 그 순간 나의 영역이 또다시 넓어졌다는 것을 깨달았다.

어렸을 때 배웠던 오메가, 감마, 알파가 모두 그리스 문자에서 파생되었다는 사실을 이번에 처음 알았다. 이 문자들은 오늘날 수학이나 물리, 화학에서 흔하게 사용되고 있을 뿐 아니라 문학이나 종교 영역에서도 널리 사용되고 있다. 순간 내가 그동안 배웠지만 여기저기 흩어져 있던 지식들이 서로 연결되면서 세상을 바라보는 시야가 조금 더 넓어지는 것을 느꼈다.

그 후로 나는 그리스 철학과 역사에 관심을 두게 됐는데, 관련된 자료와 책을 읽는 데 확실한 동기부여가 됐다. 외국어를 배우는 것은 단순히 시험에 통과하기 위해서가 아니다. 외국어를 잘 배워두면 세계를 바라보는 시각이 달라지는 것을 느낄 수 있고, 그것을 지속하면 차원을 뛰어넘는 시선으로 세상을 바라볼 수 있게 될 거라고 말한 적이 있다.

그래서 나는 한 사람의 성장이 얼마나 대단한가의 기준은 '세상이 얼마나 넓고 우주가 얼마나 광대한지 이해할 수 있는가'라고 생각한다. 우리는 비록 보잘것없지만 힘써 노력한다면 자신의 영역을 점점 확장할 수 있다고 믿는다.

3

물론 영역을 확장할 때 언어에만 의존할 수는 없다.

언어와 관련된 또 다른 일화가 생각났다. 처음 일본 여행을 갔을 때의 일인데, 일본 사람들의 영어 발음은 알아듣기 힘들 정도로 이상했다. 길을 물어보는 것도 좀처럼 쉬운 일이 아니었다.

소통의 어려움으로 다시는 이 나라에 가지 않을 거라고 여겼는데, 뜻밖에도 얼마 지나지 않아 일본에 다시 갈 일이 생겼다. 다시 갈 생각을 하니 즐겁기보다는 두려웠다. 단순한 여행이 아니라 일본 작가들을 만나 교류해야 했기 때문이다.

다 큰 어른이 길 하나 제대로 물어보지도 못하는데, 하물며 작가들과 문화 교류가 웬 말인가? 그래서 나는 출국 한 달 전에 일본어 회화 수업을 등록해 어설프더라도 기본적인 언어 소양을 쌓아갈 생각이었다.

그러나 2주 동안 일본어를 배우면서 스스로 자랑스러워할 만한 언어적 재능을 발견하지 못했다. 발음이 좋고 안 좋고를 떠나서 문법도 엉망진창이었다. 일본어가 처음 배울 때는 쉬워도 나중엔 울고 나온다는 말을 들어보긴 했어도 이렇게 처음부터 난관에 봉착하게 될 줄 몰랐다. 개인적으로 영어보다 배우기가 훨씬 힘들었다.

시간이 지나도 성장할 기미가 보이지 않으면 사람은 쉽게 무너지기 마련이라 그날 밤 일본어 선생님에게 괜히 하소연했다.

"벌써 2주 넘게 배웠는데, 왜 이렇게 발전이 없을까요?"

물론 나도 내가 일본어를 배운지 겨우 2주밖에 안 됐다는 사실은 알고 있었지만 그래도 진전이 없으니 답답하긴 했다. 다행히 일본어 선생님은 학생의 조급함에 크게 개의치 않았다.

"왜 이렇게 급하게 일본어를 배우는 거예요?"

이유를 말하자 선생님은 잠시 멈칫하다 말을 이었다.

"음, 그런 이유라면 자동 번역기를 사거나 앱을 다운받으면 되잖아요. 왜 이렇게까지 하는 거예요?"

그리고 이내 다시 말을 이었다.

"그리고 번역해야 할 내용이 복잡하거나 어려우면 돈을 조금 들이면 되잖아요. 요즘 온라인으로 번역하는 사람들이 얼마나 많은데요. 좀 비싸긴 하지만 그래도 꽤나 정확하다고요."

왜 이 말을 지금 해주는 거지? 왜 진작 아무도 알려주지 않았던 걸까. 결국 나는 자동 번역기를 사서 일본행 비행기에 몸을 실었다.

며칠 동안은 사람들과 소통하는 데 큰 어려움이 없었다. 문학 이야기뿐만 아니라 내가 가져온 번역기에 대한 이야기도 나누며 언젠가 인공지능이 인간을 완전히 대체할 거라는 감탄도 빼놓지 않았다.

급기야 누군가 핵심을 찔렀다.

"근데, 이 번역기는 얼마예요? 저희도 하나씩 갖고 싶네요."

"3천 위안 정도 해요. 번역비가 좀 비싸잖아요. 번역 프로그램을 쓴다고 해도 1시간에 수백 위안은 줘야 할 거예요. 그 이상 내야 하는 곳도 있고요. 언제 사시려고요?"

그때 많은 사람이 난색을 보였고, 방금 하나 있었으면 좋겠다고 말한 사람이 제일 먼저 회의실을 떠났다.

지나고 보니 중년이 되면 자신의 세계를 확장하는 데는 능력과 지식 외에도 부와 지위가 필요하다는 사실을 깨달았다. 그러나 부와 지위는 능력이나 지식과 직결되는 것이 아니라는 사실을 기억해야 한다.

나는 사람이 서른 살이 되면 언젠가 성장하고, 시간이 지나면서 성숙해진다는 사실에 감탄하곤 했다.

젊었을 때는 일주일 밤을 새우고, 사나흘 연속으로 과음을 해도 하루 푹 자고 나면 새로운 하루를 맞이할 수 있었다. 그런데 지금은 체력도 예전 같지 않고 스트레스에 대한 반응도 예전보다 더 심해지는 것 같다.

과거에는 '괜찮아, 잘 될 거야'라고 스스로 위로하곤 했지만 사실 시간이 지날수록 내 인생이 나아질 거라고는 생각하지 않는다. 아니, 잘 모르겠다. 아마 많은 사람이 더 힘들어졌다고 느낄 것이다.

그러나 절망할 필요는 없다. 삶이 더 나아질 수 있는 유일한 방법은 성장을 위해 더 넓은 세상으로 나아가는 것이다. 이것은 당신이 지형적 장소 영역에 국한하는 것이 아니며 세계에 대한 당신의 관점과 자신의 지식과 능력도 포함된다.

그 영역이 넓은 사람일수록 더 큰 노력이 필요하다. 노력하지 않으면 인생도 나날이 단순해진다.

우리는 중년이 되어서야 비로소 청년 시절에 쏟았던 노력의 의미를 깨닫는 경우가 많다. 아마 그때 우리는 이러한 노력이 궁극적으로 자신의 지경을 넓히고 영역을 확장하는 밑거름이었다는 사실을 깨닫게 될 것이다.

1

얼마 전 한 학생이 지금은 아무것도 하고 싶지 않으니 코로나19가 잠잠해지면 그때 다시 생각해보겠다는 메시지를 남기고, 그 밑으로도 또 말도 안 되는 소리를 잔뜩 적어놨다.

원래 그 학생을 위로해줄 생각이었는데, '코로나19가 잠잠해지면'이라는 말에 뭔가 마음이 불편해졌다. 이와 비슷한 메시지를 보낸 게 이 학생이 처음이 아니라 벌써 세 번째였기 때문이다.

1년 전 이맘때도 이와 비슷한 메시지를 받았던 기억이 떠올랐다.

'지금은 아무것도 하고 싶지 않아요. 우선 대학원 합격 결과만 기다려볼까 해요.'

또 반년 전 누군가가 했던 말이 떠올랐다.

'지금 아무것도 하기 싫어요. 방학하면 생각해봐야겠어요.'

그리도 또 두 달 전에 누군가 했던 말이 떠올랐다.

'지금은 아무 생각도 안 드네요. 새해가 밝으면 다시 생각해볼게요.'

물론 심지어 오늘은 아무것도 하기 싫으니 내일 되면 해야겠다고 말하는 사람도 있다.

이와 비슷한 사례가 너무 많아서 다 말하면 밤을 새울 수도 있다. 선생님이 되고 지금까지 나는 수많은 학생을 봐왔고 수많은 이유를 들었다.

그리고 한 가지 사실을 깨달았다. 의지가 약해지는 데는 이유가 너무 많아서 셀 수조차 없기 때문에 애초에 이유가 필요하지 않다는 사실이다. 무슨 일이든 하고 싶지 않고 의지가 약해지면 수없이 많은 이유를 늘어놓게 되는데 이런 이유들이 모두 그럴듯해 보인다.

반면에 그렇지 않은 사람은 굳이 말을 하지 않고 바로 행동에 옮긴다. 그들은 시시한 이유를 늘어놓지 않고 그것들로 자신을 옭아매지도 않는다.

2

최근 몇 년 동안 나는 인간이 나태해지는 데는 이유가 필요 없다는 사실을 점점 이해해갔다. 누군가 일깨워주기 전까지 많은 사람이 하루하루 의기소침해지다가 자신이 거의 구제 불능 상태임을 알고 나서야 이 시대와 사회를 원망한다.

자세히 살펴보면, 우리가 일하기 싫거나 공부 혹은 운동이 하기 싫고, 정말 아무것도 하기 싫을 때면 습관적으로 이유를 찾곤 한다. 나쁜 주변 환경이나 경기 침체, 주식시장 폭락, 전염병 유행 등 매우 다양한, 의외의 이유들도 쉽게 찾아볼 수 있다. 사실 이러한 일들이 인류 전체에게는 큰 재앙이 될 수 있지만, 우리 개개인에게는 전혀 합리적인 이유가 될 수 없다.

우리가 매번 실패하는 이유는 정말 주변 환경이 좋지 않아서일까? 이건 정말 말이 안 된다. 당신의 능력이 그렇게 대단한가?

그래서 집에 있으면 공부가 안 된다고 하는 말을 믿을 수 없듯이, 꼭 독서실에 가야 공부가 된다는 말도 믿지 않는다. 이것은 모두 자신을 위한 것이 아니라 다른 사람에게 보여주기 위한 것에 불과하다. 그 학생이 이렇게 말한 데는 나름대로 의미가 있다. 환경이 좋지 않은 것이지 자신을 탓할 수 없다, 모두 그렇게 하면서 살고 있다고 말하고 싶었던 것 같다.

나는 모든 사람이 다 그렇지는 않다고 말해주고 싶다. 자신을 방치하지 않고 열심히 공부하고 일하는 사람들도 많다. 그렇다면 왜 그들은 전염병의 영향을 받지 않고 여전히 매일같이 자신을 발전시키고 있는지 묻고 싶다.

3

'사람이 할 수 있는 일을 하고 하늘의 뜻을 기다린다'라는 말이 중요하다.

우리가 바꿀 수 있는 것은 바꾸고, 바꿀 수 없는 것은 받아들이는 것이 중요하기 때문이다. 이번 코로나19 상황에 빗대어 봤을 때, 대면 활동이 제한되는 것은 바꿀 수 없지만 적극적으로 반응할지, 소극적으로 반응할지에 대한 선택은 충분히 바꿀 수 있다. 우리 힘으로 바꿀 수 없는 주변 환경 때문에 바꿀 수 있는 태도나 의지까지 제한해서는 안 된다.

이럴 때일수록 우리가 소원을 빌었던 그 시작점으로 돌아가서 그때의 자신이 어떤 목표를 세웠는지, 지금 그 목표와 얼마나 멀어져 있는지 생각해야 한다. 다른 사람이 소극적이고 회의적인 태도를 취하더라도 나 자신은 성장해야 하고, 다른 사람이 포기했더라도 나는 버텨내야 한다. 우리는 그렇게 조금씩 다른 사람과 달라진다.

미국의 60년대생을 소극적이고 의지가 약한 세대로 표현한 책이 있는데, 하지만 그 세대를 자세히 살펴보면, 소심하고 의욕 없던 세대 흐름 속 사람들과 반대로 움직였던 소수의 사람이 자신의 능력을 적극적으로 발휘해 로켓을 우주로 보낸 것이다.

4

우리가 믿거나 말거나 이 세상은 이미 다음 세대의 손에 맡겨졌다. 우리가 어디를 가든지 시대와 사회를 포용하고 주변 사람들을 끌어안아야 한다. 여기서 가장 중요한 것은 자신을 끌어안아야 한다는 것이다.

어떤 사람은 우리의 일생은 밀물과 썰물처럼 오르락내리락하기 마련이라고 하지만, 유독 평범한 사람만이 고인 물처럼 아무런 변화 없이 살아간다. 밀물 때에 우리를 지나치게 긴장하게 만들지 않고, 썰물 때에 지나치게 주눅 들게 하지 않는 한 괜찮다.

가능한 한 빨리 썰물에서 빠져나와 자신의 침체와 소극적인 삶의 태도에 대한 이유를 찾지 않기를 바랄 뿐이다.

완벽보다
완성이 중요하다

1

수업이 끝난 후 한 학생이 질문했다.

"선생님, 저 대학원 시험을 준비 중인데 어떤 단어집을 사야 할까요?"

"마음에 닿는 거, 아무거나 사도 괜찮아요."

이번 주에 벌써 두 명이 와서 똑같은 질문을 했다. 학생들에게 영어를 가르친 지 나름 오래되다 보니 그들이 어떤 단어집을 사야 하는지 물었던 적이 셀 수 없이 많다. 솔직히 이 질문을 들을 때마다, 내가 이 학생에게 어떤 단어집을 추천해주든, 그래서 이 학생이 그 책을 사든 사지 않든, 아마도 학생은 단어집에 나온 단어 중 반도 다 외우지 않을 것이다. 단어집을 사본 사람이라면 다 알겠지만 대부분의 책은 다 거기서 거기다. 디자인과 순서에만 조금 차이가 있을 뿐, 내용은 거의 비슷하다고 해도 과언이 아니다. 그런데 안타까운 건 그 단어집을 끝까지 보는 사람이 거의 없다는 것이다.

나는 그들의 질문에 대답하지 않으려고 직접 단어집을 개발해서 모든 학생이 볼 수 있게 공유했다. 그랬더니 이제 수업 시간에 이 단어집을 어떻게 활용해야 하는지 묻는 학생이 나타났다. 사실 어떻게 사용해도 좋다. 처음부터 외워도 되고, 뒤에서부터 외워도 상관없다. 원한다면 중반부부터 외워도 크게 상관없다.

그런데 왜 학생들은 아무것도 아닌 일에 대해 또 질문하는 것일까? 이런 질문을 하는 친구들 생각 저변에는 어떻게 외우는 것이 중요한 게 아니라, 아예 시작하고 싶지 않다는 논리가 깔려 있기 때문이다.

나는 학생들이 왜 단어집을 외우지 못할까 하는 궁금증에서 출발해 여러 학생을 관찰한 적이 있는데, 그 결과가 아주 흥미로웠다. 그들은 완벽을 추구하기 때문에 애초에 시작하지 않는 것이다. 그들은 항상 완벽한 타이밍을 기다리기 때문에 쉽게 시작하지 못하고, 완벽한 컨디션을 갖추려고 하기 때문에 결코 좋은 컨디션을 유지하지 못한다. 또 완벽한 방법을 찾기 때문에 항상 잘못된 방법으로 접근한다. 그들은 찾고 또 찾느라 시작하지 못하고 그렇기에 영원히 완성할 수 없다.

완벽을 추구하기 때문에 완성하지 못하고, 완성하지 않기 때문에 완벽하지 않다. 참으로 이상한 논리다. 이런 점에서 보면 우리가 사는 세상은 정말 재미있다.

그런데 나는 완벽보다 완성이 훨씬 중요하다고 말해주고 싶다. 이 말은 내가 한 말이 아니라, 페이스북 설립자 마크 저커버그가 창업 초기

사무실 벽에 붙여뒀던 슬로건이다. 당시 저커버그는 직원들이 제시간에 업무를 마치고 신속하게 움직이도록 독려하고자 '완벽보다 더 중요한 것은 완성이다'라는 문구를 걸어두었다. 기업가에게는 먼저 움직이고 나중에 천천히 조절해가는 전략이 더 중요한 것처럼, 우리는 누구에게 어떻게 배울 것인가보다 먼저 스스로 학습하는 방법을 배워야 한다. 그것이 더 중요하다.

내가 처음 단어를 외웠던 경험을 떠올려보면, 그렇게 완벽하지 않았다. 그땐 고속 열차도 없던 시절이라 집으로 돌아가는 일반 열차에 앉아서 지루한 시간을 때울 겸 단어집을 펴서 외우기 시작했다. 그러나 아쉽게도 뒷부분을 외우면 앞부분을 잊어버리고 앞부분을 외우면 뒷부분이 생각나지 않았다. 이런 식으로 굉장히 어설프게 13시간 동안 단어를 외웠다.

집에 돌아온 다음 날, 계속해서 외우지 않으면 어제 13시간의 노력이 수포가 될 것 같아 잠에서 깬 후로 단어장을 손에서 놓지 않았다.

며칠을 외웠는지 기억나지 않지만 그 힘겨운 나날들이 지금은 꿈처럼 느껴진다. 열흘째 되는 날로 기억하는데, 마지막 장을 다 외우고 책을 덮는 그 순간 한숨이 절로 새어 나왔다. 그리고 다시 책을 펼치는 순간 또 한 번 숨을 들이마셨다. 기대하지 않았지만 역시 거의 다 잊어버리고 말았다.

그러나 나는 나 자신을 위로했다.

"괜찮아, 어쨌든 끝까지 해냈잖아."

그래서 처음부터 두 번, 세 번 다시 외우기 시작했고, 네 번째에는 실

전 문제를 같이 풀면서 외우기 시작했다.

지금까지도 그때 외웠던 단어들은 줄줄 외울 수 있고, 언제든지 내가 원하는 단어를 쏙쏙 빼서 사용할 수 있다. 처음 단어를 외웠을 때는 완벽할 수 없었지만, 정해진 분량을 완성했기 때문에 완벽함을 이룰 수 있었던 것이다.

2

살면서 점점 깨닫는 것은 항상 완벽주의를 추구하는 사람들이 나중에는 평범한 삶을 살고 있고, 심지어 진정 완벽하게 일을 해내는 것을 보기 힘들다는 것이다. 〈하버드 비즈니스 리뷰Harvard Business Review〉를 보다가 문장 하나가 눈에 들어왔다.

탁월함을 추구하는 완벽주의자는 모든 일에 높은 기준과 엄격한 요구 사항을 갖는다. 문제는 그들이 스스로 '완벽함'을 추구하는 것뿐만 아니라 다른 이들에게도 동일하게 높은 기대치를 갖는다는 점이다. 따라서 직장에서 완벽주의자와 함께 일을 하면 디테일한 부분까지 신경 쓰기 때문에 항상 피곤함을 느끼게 될 것이다.

그뿐만 아니라, 대부분의 완벽주의자는 미루는 습관에서 벗어나지 못하는데, 이는 그들이 '완벽하지 않다'는 것을 용납하지 못하기 때문에 항상 일을 미룰 수 있는 데까지 미룬 후 마감 기한이 다 되어서야 일을 시작하곤 한다. 그리고 한번 시작하면 사소한 부분까지 많은 시간을 소비하느라 결국 일이 틀어지는 경우도 많다.

청춘, 인생을 생각하는 시간

언제부터 완벽주의가 일이나 학업에서 부정적인 의미로 바뀌기 시작한 걸까? 이유는 아주 간단하다. 완벽함은 처음부터 자신에게 요구한 것이 아니라 행동하고 움직인 후에 끊임없이 조정한 결과로 나타나는 것이기 때문이다.

문득 친한 친구가 생각났다. 그는 아무것도 하지 않고 죽어라 말만 하고, 골똘히 생각만 한다. 그리고 매번 일할 때마다 만신창이가 되거나 엄청난 실수를 범한다. 그러다가 자신감이 떨어지면, 마지막으로 어떻게 하면 완벽하게 시작할 수 있을지 끊임없이 상상하며 원점으로 돌아가곤 한다.

놀랍게도 그는 지금까지도 모든 것을 알고 있고 모든 것을 이해한 것처럼 보인다. 다만 다른 사람이 제대로 일을 못 한다며 비난의 화살을 쏘아대는 점이 가장 걱정스럽다.

사람이 항상 완벽함을 추구한다는 것은 매우 두려운 일이다. 완벽한 것은 그 자체로 존재하지 않기 때문에 설사 존재한다 하더라도 행동하는 과정 중에 조금씩 다듬어가야 한다.

이 점을 우려했는지 〈하버드 비즈니스 리뷰〉에서도 '반드시 완벽해야 한다perfect'에서 '잘만 하면 된다good enough'를 추구하는 방법을 언급했다. 중요한 것은 우리가 무언가를 해야 한다는 것이다.

마치 대학원 입시를 앞두고 늘 생각만 하고 아무것도, 정말 아무것도 하지 않은 것과 같다. 상상만 해도 너무 끔찍하지 않은가. 정말 위험한 일이다.

고수는 항상 완벽을 추구하면서도 자신의 불완전함을 받아들일 줄 알아야 한다. 진정한 고수라면 끊임없이 상상할 테니까 말이다. 그들은 먼저 행동하고, 그렇게 하다 보면 앞으로 나아가는 법을 터득하게 되고 조금씩 다듬어가는 과정을 거치고 나면 비로소 고수의 반열에 오르게 된다.

저자 사인회를 할 때 한 독자가 했던 말이 기억났다.

"작가님, 작가님이 소설을 쓴 걸 보니 저도 쓸 수 있을 것 같아요."

현장에 있던 모든 사람이 손뼉을 치고 환호를 보냈다. 물론 나도 엄지손가락을 치켜세웠다.

그리고 농담조로 대답해줬다.

"그건 착각이에요. 쓰다 보면 알게 될 거예요."

모두 박장대소했지만 내가 한 말은 진심이었다.

그날부터 글을 쓰기 시작한 그 독자는 한참이 지나서 연락해왔다. 오랜만에 글을 쓰다 보니 글의 구조와 내용은 말할 것도 없고 단어도 헷갈린다는 짧은 메시지를 보내왔다.

'저는 글쓰기에 대해 아는 게 없어요.'

'실망할 필요 없어요. 계속하다 보면 언젠가 쓸 수 있을 거예요.'

1년 후, 그 독자는 자신의 첫 번째 소설을 완성했다. 여러 출판사를 찾아다녔지만 모두 출판을 거절당했다. 그런데도 그는 희망적인 메시지를 전해왔다.

'저도 제 글이 평범한 건 알아요. 어쩌면 출판을 못 할 수도 있지만 그래도 최소한 하고 싶은 일이니 시도는 해 봐야죠.'

'조급해하지 마세요. 완성했다 하더라도 다듬고 고치다 보면 결국 완

벽해질 거예요.'

그는 자기 소설을 다듬기 시작했다. 심지어 이를 위해 우리 학원의 작문 클래스까지 등록해서 수업을 들었다. 물론 이 과정이 더 오래 걸릴 수 있다는 걸 알고 있고 험난한 길이 될 거라는 것을 알고 있지만 적어도 언젠가는 완벽함에 더 가까워질 것이다.

나는 그의 소설이 빨리 출간되기를 기대하지만, 시간이 걸리더라도 계속해서 열심히 다듬고 진정한 완벽에 도달할 수 있기를 바란다.

3

나는 이 공식이 성장에, 직장에서 매우 중요하다고 생각한다. 그래서 모든 사람이 한눈에 알아볼 수 있도록 '완벽＝완성＋완전'으로 요약해 보았다.

물론 여기에는 완성이 먼저 온다는 사실을 잊으면 안 된다. 다시 말해서, 먼저 움직이고 행동해서 일의 마침표를 찍고, 이어서 약간의 노력을 더 해야 점점 완벽에 가까워질 수 있다는 의미다.

완벽은 조각상을 조각하는 것과 같이, 가장 먼저 윤곽을 완성한 다음 세세한 부분을 다듬는 작업이며 이것엔 꽤 오랜 시간이 걸린다. 이런 것쯤이야 당연히 할 수 있을 거라고 생각만 하다가는 일을 그르칠 수 있다. 물론 여전히 우리 주변에는 아직도 눈만 높고 실제 능력은 부족한 사람들이 많은 데다가 그들이 항상 이런 일쯤은 거뜬히 해낼 수 있다며 떠들어대는 모습도 많이 봐왔다. 그렇다고 크게 상관할 필요는 없다. 그들이 우리가 본받아야 할 대상은 아니지 않는가.

말만 그럴듯한 거인은 실체가 없는 신기루지만, 행동하는 난쟁이는 영향력을 발휘할 수 있는 존재가 된다. 시간이 흐를수록 어떤 사람들은 일을 진행하면서 점점 더 강력해지고, 어떤 사람들은 말만 하다가 결국 아무것도 이뤄내지 못한다는 것을 알게 될 것이다.

4

한동안 경기 침체로 많은 친구와 동료들이 찾아와 이런저런 얘기를 나누다가 앞으로 어떻게 하면 좋을지 의견을 묻곤 했다.

사실 나는 그들의 생각이 어떤지 묻고 싶었지만 어쩌다 보니 얘기는 질문과 불평으로 바뀌었다. 부정적인 에너지가 많은 대화는 나에게도 적지 않은 영향을 미친다. 그러면서 한 가지 느낀 게 있다면, 이 세상은 우리가 생각했던 것만큼 낙관적이지 않고, 문제를 겪고 있을지도 모른다는 것이었다.

정확히 말하면 어떤 면에서 세상은 점점 나빠지고 있다. 그러나 나는 바로 정신을 가다듬었다.

'그런데 우리가 어떻게 할 수 있겠어? 우리 중 누가 혼자만의 힘으로 이렇게 큰 환경을 바꿀 수 있을까? 우리 중 누가 말 한마디로 세상을 바꿀 수 있겠어?'

그렇다면 우리는 대체 무엇을 할 수 있을까? 불평과 비난을 쏟아내고 서로를 헐뜯어야 할까? 그것도 아니면 서로 공격하고 치부를 드러

청춘, 인생을 생각하는 시간

내고, 계속 투덜거리기만 할 것인가?

정말 막막할 때 가장 단순하지만 강력한 힘을 가진 말을 꼭 기억하길 바란다.

'완성은 완벽보다 중요하고 행동은 언제나 말보다 낫다.'

가장 쉽게 잊히고 가장 쉽게 깨닫게 되는 말이다. 나중에 친구들에게 이와 비슷한 맥락으로 메시지를 보냈다.

'너는 어떻게 생각하는지 모르겠지만, 우리가 할 수 있는 유일한 일은 몇 마디 덜하고 더 많이 행동하는 것뿐이라고 생각해.'

우리 세대는 시대의 급격한 변화를 겪으면서 살아온 터라, 많은 사람이 이미 할 말을 잃었다. 민감한 일 이면에는 무슨 말을 해도 이 세상은 더 나빠질 뿐이고, 계속 말을 하다 보면 우리 또한 나빠진 세상 일부가 될 뿐이기 때문이다.

그러니 무슨 일이든 그냥 하는 게 좋다. 나는 고전문학 선생님의 삶의 논리를 아주 좋아한다. 그는 어떤 어려움이 닥칠 때마다 항상 온유하고 희망적인 태도로 "그럼…… 우리가 무엇을 할 수 있을까?"라고 말한다. 이런 사람이 어떻게 의욕 없고 소심할 수 있겠는가?

완성하고 창조하고 변화시키자. 아니면 적어도 자신이 완벽해져야 한다는 것은 기억하자. 이를 위한 좋은 방법이 한 가지 있는데, 먼저 첫발을 내디딘 후 천천히 다듬으면 당신은 항상 눈부신 서광을 볼 수 있다.

3장

시대는 변하는데,
우리는 왜
변하지 않는 걸까?

우리의 여정에는 원대한 목표가 있다.

시대는 변하는데,
우리는 왜
변하지 않는 걸까?

1

하루는 요요와 술집에서 만나기로 약속을 했다.

"우리 거의 2년 만에 보는 건가?"

요요가 따뜻한 물을 시키고는 말했다. 생각해보니 벌써 못 만난 지
꽤 오랜 시간이 흘렀다.

"저번에 본 게 2년 전 가을이니까, 그 정도 되겠다."

나는 창밖의 나무를 바라보았다. 나뭇잎은 이미 시들었고 차가운 바
람 때문인지 거리는 텅 비어 있었다. 배달 시간을 맞추기 위해 급하게
다니는 라이더 몇 명 외에는 마치 모든 것이 끝난 것처럼 시간만 흐르
는 것 같았다.

청춘, 인생을 생각하는 시간

2

며칠 전 평소 알고 지내던 아나운서 친구에게 전화가 왔는데, 다음 달 미국으로 유학을 간다며 소식을 전했다. 왜 유학을 가는지 물었다. 진심으로 궁금했다.

"더 나은 삶을 살기 위해서지, 이거 말고 다른 이유가 있겠어?"

그에게 지금 삶은 만족스럽지 않은지 묻고 싶었지만 잠시 고민하다가 그냥 말기로 했다. 모든 일이 순조롭다면 누가 집을 두고 멀리 이국 땅으로 떠나려고 하겠는가?

"그래, 그럼 가기 전에 얼굴이나 한번 보자."

그는 워낙 유명한 아나운서라 그간 많은 사랑과 영예를 얻었지만, 플랫폼으로 인해 얻은 것은 언제라도 쉽게 사라질 수 있다는 논리를 조금씩 이해하던 참이었다. 시스템 안에서는 모든 것이 안정돼 보이기 때문에 배가 움직이는 한, 또 그 배를 타고 있는 한 얼마든지 앞으로 나갈 수 있다. 설령 배가 천천히 움직일지라도 타고만 있으면 조금씩 앞으로 갈수 있었다. 그러나 이렇게 급변하는 시대에는 아무리 큰 배라고 해도 언제 가라앉을지 모른다.

영화 〈타이타닉〉이 우리에게 가르쳐 준 진리는 탈출은 보트, 작은 배에 달려 있다는 것이다.

그는 무엇을 해서는 안 되는지는 알고 있으면서도 무엇을 해야 하는지 몰랐다. 그러다 갑자기 불안해지니 정작 자신이 어디로 가야 할지 좀처럼 방향을 잡지 못했다.

수년간 그는 적잖이 고생했다. 매일 저녁에는 각종 연회나 모임에 적극적으로 활동하고 낮에는 경영대학원을 다니며 공부를 했다. 길을 걸을 때도 베스트셀러 저자의 강연을 들었고 자기 전에는 공중파 독서 프로그램을 틀어놓았다. 하지만 이런 지식은 그를 더 이성적으로 만드는 것이 아니라 오히려 더 불안하게 만들었다.

우리 같은 성인은 모두 작은 일에서 무너진다. 그는 2년 동안 열애하던 여자친구에게 갑작스러운 이별 통보를 받았다. 함께 살던 집에서 연인이 떠나던 날, 그는 울지 않고 아래층에 있는 스타벅스에서 커피를 한 잔 주문했다. 그는 주문한 커피를 한 모금 마신 후 종업원에게 물었다.

"이거 카페라테인가요?"

"라떼 주문하셨잖아요."

"제가 커피를 꽤 오랫동안 마셔왔는데 한번도 라테를 마셔본 적 없어요. 그런데 어떻게 이걸 시켰겠어요?"

그러자 종업원이 확신에 찬 태도로 절대 물러나지 않았다.

"분명 카페라테 주문하셨어요."

"대체 무슨 말이에요, 헛소리하지 마세요!"

그는 그대로 바닥에 주저앉아 울기 시작했다. 그리고 아주 정확한 발음으로 속마음을 털어놨다.

"왜 다들 나한테만 뭐라고 하는 거예요……."

그가 베이징을 떠나는 이유는 여러 가지가 있을 테지만 '혼자 남겨진 이 도시에 작별을 고한다'가 주된 이유가 아닐까 싶다. 좌절은 우리를 멀리 떠날 수 있게 한다.

예전에 베이징에 폭설이 내렸는데, 이 폭설로 얼마나 많은 사람이 사

청춘, 인생을 생각하는 시간

랑에 빠지고 사랑하는 사람과 헤어졌는지를 글로 쓴 적이 있다. 사실 따지고 보면 폭설이 원인이 아니라, 이 도시는 원래 매일같이 이별이란 사건이 끊임없이 일어난다.

더 이상 연락이 닿지 않는 헤어짐은 결국 이별이 된다. 이별은 아주 정상적인 상태고 외로움은 평생의 주제다.

그래서 마지막 모임에서 그를 만났을 때 미국에 가면 자주 연락하라고 했다. 그는 '당연하지'라고 대답했다. '당연하다'는 말이 유행한 이후로 모든 일에 습관적으로 반응하는 입에 발린 소리가 돼버렸다. 그래서인지 가끔 '당연하다'고 말하는 것이 왠지 '굳이, 필요 없다'는 생각이 들 때가 있다.

그는 떠날 때 여전히 눈물을 흘렸다. 그가 우는 모습을 본 건 처음이었다. 그는 마라탕을 먹어 매워서 그런 거라고 했지만 나는 알고 있다. 우리 인생이 얼마나 매운맛인지 말이다.

3

요요와 나는 그 술집에 앉아서 계속 이야기를 나눴다.

나는 그날 모임에서 만났던 작가 얘기를 꺼냈다. 일찌감치 베스트셀러 반열에 오른 작가로 책을 낼 때마다 큰돈을 벌었다. 출판업계에서 판매량은 부를 상징하지만 그는 번 돈을 저축하지 않고 여기저기 물 쓰듯 쓰고 다니는 것도 모자라, 비싼 동네 근처에 침실 두 개짜리 집을 얻었다.

하지만 어느 순간부터 영감이 잘 떠오르지 않아 작품의 질이 떨어졌
고 출판일이 미뤄지자 결국 더 저렴한 집으로 이사했다. 그리고 다시
저렴한 집으로 옮겼고, 또 얼마 지나지 않아 베이징에서 더 멀어진 외
곽의 저렴한 집으로 이사했다. 시대가 가진 힘은 얼마나 큰지 그는 손
쓸 겨를도 없이 그렇게 중심에서 점점 멀어져갔다.

"샹룽, 내 책이 예전에는 잘 팔렸는데 말이야, 지금은 왜 아무도 읽지
않는 걸까?"

그 질문에 나는 아무 대답도 하지 않았다. 물론 하고 싶은 말은 있었
다. 요즘 시대는 사람들이 환호하고 좋아하는 키워드가 해마다 확연하
게 다르다. 이 시대는 끊임없이 변하고 있는데 많은 창작자가 변할 노
력도 하지 않고 '단 하나의 수로 천하를 다 얻으려(一招鮮吃遍天)'고만
한다.

그해, 그는 신장에서 티베트를 지나 윈난까지 직접 차를 몰고 가면서
뭔가 영감을 얻을 수 있을 거라 기대했지만 아무런 수확이 없었다. 그
런데 더 기가 막힌 것은 베이징에 돌아왔을 때 그를 찾는 사람이 아무
도 없다는 사실이다. 모두 모임이나 회의에 그가 참석하지 않는 것에
이미 익숙해졌고, 행사나 활동을 할 때도 찾는 이가 아무도 없었다. 그
래서인지 그는 베이징에 돌아와서 나만 잠깐 만나고 다시 떠나버렸다.

그리고 다시 돌아오지 않았다. 고향으로 돌아가 결혼했다는 소식을
나중에야 전해 들었다. 떠난 지 얼마나 됐다고 벌써 이 도시에서 잊히
다니!

베이징은 당신이 떠난다고 해도 눈물 한 방울 흘리지 않을 것이다.

여기서 중요한 것은 당신도 다시 돌아오지 않을 것이라는 점이다.

4

요요에게도 말했지만, 나는 어려움에 부딪혔다고 이 도시를 떠나 윈난이나 신장, 티베트로 도망가는 사람을 응원하지 않는다. 일단 떠나면 생각보다 더 많은 것을 잃게 될 가능성이 크다. 특히 이미 대도시에서 아무리 작아도 자신만의 영역이 있는 사람이라면 더 그렇다.

그렇게 요요와 끓인 물을 여러 잔 마시면서 최근 몇 년간의 기억을 떠올려 이야기를 이어갔다.

마찬가지로 도시를 떠난 후 다시 돌아오지 못하는 배우 친구가 떠올랐다. 그날 그녀는 눈이 퉁퉁 부은 채로 와인을 한 잔, 두 잔 마시면서, 어쨌든 자신은 배우기 때문에 모든 사람이 자신을 기억할 때까지 무슨 일이 있어도 연기를 하겠다고 말했다.

정말 대단한 꿈이었다. 나는 그날 모임에서 작가 친구가 시나리오를 쓰고, 영화 제작 일을 하는 친구가 감독, 최종 대본으로 그녀가 연기하면 우리의 산업 사슬이 완벽해질 것이라고 말했다. 그러자 친구들이 나는 무엇을 할 건지 물었다. 난 투자를 유치해오겠다고 했다. 2018년 영화계와 방송계는 꽁꽁 얼어붙었고 배우 친구도 일자리를 잃고 집으로 돌아갈 수밖에 없었다.

그 후 출장을 다니면서 그녀를 몇 번 만났다. 배우 친구는 술을 많이 마셨고, 술에 취해서는 예전에 했던 캐릭터를 연기하곤 했다. 나는 그에게 다시 베이징에 돌아올 마음이 있는지 물었다.

"아니, 집이 좋아. 지금 남자친구랑 결혼 준비도 하고 있어."

"다시 연기할 거야?"

"내 나이 벌써 서른이야. 연기는 무슨……. 여생은 나 자신으로 살아야지."

그리고 몇 마디 덧붙였다.

"평생 자기 역할도 제대로 못 하는 사람도 있는걸."

이때 처음으로 누군가에게 '자기 역할'이라는 말을 들은 건데, 어딘지 모르게 슬픔이 느껴졌다.

5

요요의 말을 빌리자면, 베이징은 슬픈 도시여서 떠나는 사람은 모두 깊은 상처를 안고 떠난다. 심지어 우리가 시킨 따뜻한 물도 금방 식어버릴 정도로 말이다. 나는 영화 제작자 친구가 베이징을 떠난 이유가 딱히 그렇게 비관적이지는 않다고 대답했다.

그해 여름, 그는 자신의 회사 팀을 이끌고 베이징을 떠나 남방시장 개척 길에 올랐다. 물론 베이징을 떠나고 싶어 하지 않는 많은 친구가 그를 떠나기도 했다. 그가 남방에서 어떻게 지내는지 모르지만 아마 생각처럼 쉽진 않을 것이다. 어디든 쉽게 갈 수 없는 법이니까.

나는 그가 잘 지내고 있는지 항상 궁금하지만 그의 SNS는 어디로 증발해버렸는지 흔적도 없이 사라졌다. 사람과 사람의 관계가 이렇게 가벼운 것이라니, SNS가 사라지니 친구를 잃은 것 같았다.

그가 있는 곳으로 출장을 갈 때마다 그를 만나려고 했으나 그가 너무 바빠서 한 번도 만나지 못했다. 그 친구가 베이징에 있을 때는 내가 다른 도시로 출장을 가곤 했다.

그나마 가장 최근에 만난 건 공항에서였다. 화장실을 가는 길에 신발 끈을 묶고 있던 그와 부딪쳤다. 그가 금방이라도 욕이 나올 것 같은 표정으로 고개를 드는 찰나에 다행히도 나를 알아본 것이다.

너무 오랜만에 생각지도 못한 장소에서 만나서 그런지 서로 말문이 막혀버렸다. 그저 가벼운 인사말 한두 마디만 건네고 그렇게 각자 갈 길로 헤어졌다. 탑승 후 마음이 잠잠해지고 나서야 그에게 하고 싶은 말이 많았는데 어떻게 대화를 시작해야 할지 몰랐다는 걸 깨달았다.

그도 나와 같은 생각이었는지 나에게 메시지를 보냈다.

'우리 시간 내서 꼭 만나자.'

'응, 꼭 만나자.'

나도 내 마음을 전달했다.

6

그날 밤 나는 요요에게 철학적인 질문을 던졌다.

"오늘이 우리가 만나는 날이 마지막이 될 수 있잖아. 그러면 미래에 우리는 어디에 있을까?"

그녀는 가슴 뭉클해했다. 어느새 밤이 깊었다. 우리는 마지막으로 술

두 잔을 더 마시고 헤어졌다.

나는 두 손을 주머니에 찔러 넣은 채 베이징의 텅 빈 밤거리를 걸었다. 희미한 가로등 불빛에 비친 내 그림자를 보고 있자니 알 수 없는 미묘한 감정에 휩싸였다. 베이징을 떠난 사람들은 잘 지내고 있을까?

왠지 모르게 그들도 나에게 똑같이 물어볼 것만 같았다.

'베이징에 남은 당신은 괜찮은가요?'

청춘, 인생을 생각하는 시간

인생에 한계를 두지 않아야
비로소 무한한 가능성이 보인다

1

내가 캐리를 막 알았을 때만 해도 캐리의 진짜 이름이 뭔지도 몰랐다. 다만 오랫동안 미국과 중국을 오가며 사업하는 사람이라는 게 전부였고 그 사실이 너무 멋있어 보였다. 캐리는 잘 나가는 투자자처럼 항상 몇몇 사람들과 투자 종목과 관련된 이야기를 나누고 투자할 가치가 있다고 판단되면 공격적으로 투자를 진행하며, 그렇지 않으면 절대 자신의 시간을 낭비하지 않았다. SNS를 통해 캐리와 내가 활발한 소통을 하기 시작하자 한 친구가 생뚱맞게 메시지를 남겼다.

'너도 이 사장 알아?'

내 성(姓)도 이(李)였기 때문에 의아해하며 되물었다.

'이 사장? 지금 나 말하는 거야?'

그렇게 해서 캐리의 성이 '이' 씨라는 것과 아주 남성적인 이름을 가졌다는 사실을 알게 됐다. 캐리의 본명이 무엇인지는 여기서 언급하지 않겠다. 어쨌든 그 이후로 캐리를 조금 더 깊이 이해하게 됐다.

캐리는 남쪽의 작은 도시도 아닌 작은 마을에서 태어났다. 밑에 남동생이 하나 있는데, 여기에도 나름대로 사연이 있다. 아들을 원했던 캐리의 어머니는 캐리를 낳은 후 첫째 딸에게 남성적인 이름을 지어주고 아들처럼 키우면 아들을 낳을 수 있다는 믿거나 말거나 한 말에 혹해서 몇 년 동안 딸을 남자아이처럼 키웠다. 어려서부터 캐리는 동네 남자아이들과 모래 장난을 하거나 나무 위에 올라가기 일쑤였고 친구들과 싸워서 상대방을 울린 적도 많았다. 고등학교에 들어가서 단짝 친구가 생기고 나서야 캐리는 자신의 말투와 행동에 조금씩 신경을 쓰기 시작했고 마침내 자신이 여성이라는 사실을 깨달았다.

열여덟 살이 되던 해 캐리는 오로지 자신의 영어 실력으로만 외국어대학교에 합격했다. 그날 이후로 그의 본명을 아는 사람은 거의 없었다. 자신에게 예쁜 이름을 지어주기로 결심한 그는 캐리라는 새로운 이름을 붙였다. 친구들은 모두 그렇게 불렀다. 이름을 바꾼 이유를 물었더니, 평소 좋아하던 미국 시트콤 〈빅뱅 이론The BigBang Theory〉의 주인공 셸던의 여자친구를 좋아해서라는 다소 단순한 답변이 돌아왔다.

사실 이름을 바꾸는 것은 매우 정상적이며 자신의 캐릭터를 깨트리는 첫걸음이기도 하다. 많은 사람이 이름을 바꾼 후 인생에서도 많은 변화를 경험하는데, 이는 당신을 어떻게 부르는가에 따라 당신을 어떻게 이해하는지에 직접적인 영향을 미치기 때문이다. 영화배우 유덕화의 본명은 류푸잉이고, 장국영의 본명은 장룽파다.

이들이 원래 이름을 고수했다면 어떻게 됐을지 모르겠지만 분명히 지금만큼 인기를 얻지는 못했을 것이다. 가끔 이름은 한 사람의 얼굴이 되기도 한다.

2

졸업 후 캐리는 지인의 추천으로 대형 항공사에 입사했고, 투자 매니저로 시작해서 진정한 투자자가 되었다.

나는 캐리를 독서 모임에서 알게 됐다. 다른 사람은 자기소개를 할 때, 모두 본명을 얘기했는데, 유독 그만 다소 이질감이 느껴지는 캐리라는 영어 이름으로 자신을 소개했다. 캐리는 정말 재미있는 사람이었다. 어떤 이야기를 나누든 결국 이야기의 흐름은 자연스럽게 캐리의 분야로 흘러갔다. 모르는 이야기나 못 할 이야기는 없었다. 나중에 친해져서 항상 밥을 같이 먹었는데, 캐리가 쉬지 않고 말하는 통에 다른 사람은 말할 틈도 없었다. 혼자서도 분위기를 띄우는 데 충분했고 특히 술을 한두 잔 마신 날에는 자기보다 지위가 높은 사람이 있든 없든 이야기를 멈출 줄 몰랐다.

나는 그런 두려울 것도, 잃을 것도 없는 사람 같은 모습이 마음에 들었다.

한동안 우리는 특별한 일이 없으면 자주 만나서 식사를 하거나 술을 마셨다. 종종 밤을 새운 적도 있다. 캐리는 밤새 재치 있는 입담을 자랑

했다. 그런데 어느 날, 캐리가 갑자기 사라졌다. 열흘이 넘도록 SNS에서도 캐리의 종적을 찾을 수 없었다. 메시지를 보내봐도 아무런 답장이 없었고 휴대폰도 꺼져 있었다. 나중에야 미국에 갔다는 사실을 알게 됐다.

회사는 미국 내 투자를 성사시키기 위해 캐리를 미국으로 보냈다. 투자가 성공적으로 마무리된 후 캐리는 퇴사 의사를 밝혔다.

'저는 사직하겠습니다. 투자는 잘 진행됐습니다. 저는 미국에서 이틀 정도 더 머물다 가겠습니다.'

그리고 휴대폰의 유심칩을 떼서 현지 번호로 교체한 후 여행을 시작했다. 정말 오랜만에 만끽하는 누구의 방해도 받지 않는 휴가였다. 캐리는 비행기 표를 사서 로스앤젤레스 해변으로 향했다. 그곳에는 지금까지 경험하지 못한 훨씬 흥미로운 일들이 캐리를 기다리고 있었다.

3

캐리는 페이스북에 광고를 보았다. 미국 할리우드에서 프로젝트 영화를 찍는데 영어를 잘하는 중국 여배우를 찾는다는 내용이었다. 이미 많은 배우들이 오디션을 봤지만 서툰 영어 실력 때문에 모두 합격하지 못했다. 캐리는 서둘러 이력서를 준비해서 보냈는데, 한 시간도 채 지나지 않아서 오디션을 보러오라는 전화를 받았다. 나중에 알고 보니 이렇게 빨리 결정된 데에는 다 이유가 있었다. 중국어가 아닌 영어로 이력서를 작성해서 다른 사람이 번역할 필요가 없었기 때문이었다.

캐리는 감독 앞에서 영화의 대사를 읽어 내려갔다. 가끔 과장된 동작

청춘, 인생을 생각하는 시간

을 하기도 했다. 인생에서 처음 하는 연기였다. 처음 하는 연기가 할리우드라니! 연기가 계속될수록 감정이 풍부해지고 목소리도 격양되자 현장에 있던 많은 미국인이 입을 가리고 웃었다. 오디션을 마치고 캐리는 호텔로 돌아갔다. 다음 날, 감독에게 전화가 걸려왔다.

"어디 가지 마세요. 우리가 당신 비자를 해결해줄게요. 여자 1호는 당신으로 확정됐어요."

캐리는 자신이 최고의 행운아라고 느꼈다. 그리곤 바로 휴대폰 유심 칩을 바꿔서 사람들에게 반년 동안 로스앤젤레스에 머물게 됐다고 소식을 전했고, 나도 그녀와 통화할 기회가 생겼다. 캐리는 배우로 전향했다며 자신이 여자 1호를 연기하게 됐다고 했다. 유명 배우 A와 B도 모두 오디션에서 탈락했는데 자기는 단번에 성공했다며 기쁨을 감추지 못했다.

"지금 말한 사람들 둘 다 누군지 몰라. 너는 무슨 역할이야?"

캐리가 웃으면서 말했다.

"여자 귀신 역이야."

그제야 진짜로 공포 영화에 출연한다는 것을 알았고 장난 반 진담 반으로 행운을 빌어줬다. 그 이후로 그녀는 촬영장에서 일어난 소소한 이야기나 미국 생활을 소개하며 SNS 활동도 활발하게 이어갔다. 언제나 더할 나위 없이 행복해 보였다.

반년이란 시간은 참 빨리도 지나갔다. 열심히 살다 보니 날을 셀 겨를도 없이 흘러갔다.

정말 아주 우연히 캐리를 만난 적이 있는데, 사업차 홍콩에 도착한 나는 비행기에서 내려서 휴대폰을 켜자마자 캐리가 SNS에 게시한 글을 보았다. 마침 그때 그녀도 홍콩 공항에 있었다. 처음에는 별일 아니라고 생각했는데, 다음 날 더 재미있는 일이 생겼다. 정말 생각지도 못하게 비행기 안에서 캐리와 재회했다. 겨우 6개월 못 봤을 뿐인데 이전 모습이 생각나지 않을 정도로 많이 달라져 있었다. 머리도 짧아지고 살도 많이 빠져서 캐리가 맞는지 확신이 서지 않아 메시지를 보내서 확인하고 나서야 캐리임을 알았다. 캐리가 쉬지 않고 연신 손을 흔드는 바람에 나도 그에 보답하고자 팔을 여러 번 흔들었다.

우리는 비행기에서 내린 후 공항 근처에서 식사하기로 했다. 뭐가 먹고 싶냐는 내 질문에 그는 1초의 망설임도 없이 대답했다.

"무조건 고향 음식이지!"

"역시, 나도 외국 나갔다가 들어오면 그렇게 전통 음식이 당기더라고."

"맞아, 외국 생활 너무 지쳐."

자세한 이야기는 묻지 않고 지난번 영화에 관한 것만 물어봤다.

"영화는 잘 찍었어?"

"응, 정말 잘돼야 할 텐데, 아마 내년에 개봉할 거야."

"그럼 앞으로 연예 활동을 준비해야겠네."

"이번에 로펌 면접 보러 들어온 거야. 나중에 변호사가 될 몸이라고!"

4

오랜만에 만나서 저녁을 먹으며 이야기를 나누다 보니 지난 6개월 동안 캐리의 삶에 무슨 일이 일어났는지 알 수 있었다.

할리우드에 도착한 그는 자신의 인기를 실감했다. 현지에서 만난 중국 남자들은 대부분 재벌 2세로 화려한 삶을 살고 있었지만 외롭고 무료한 인생을 사는 데 지쳐 있었다. 그래서 캐리는 도착하자마자 대사를 외우고 남자를 만나느라 바쁜 나날을 보냈다.

결혼하면 미국에서 영주권을 받을 수 있고 로스앤젤레스에 있는 자기 집에서 지낼 수 있다며 적극적으로 구애를 펼치는 남자가 있었는데, 캐리는 자신이 영주권을 왜 받아야 하며, 왜 그의 집에 살아야 하는지, 무엇보다 왜 결혼해야 하는지 모르겠다며 거절했다. 하지만 남자는 포기하지 않았다. 매일 촬영 현장에 찾아와 꽃을 들고 기다렸고 캐리를 사교 모임에 데려가서 친구들을 소개해줬다.

시간이 지나면서 캐리도 점점 남자가 마음에 들기 시작했다. 이성적으로 생각해봐도 흠잡을 데 없는 사람이었기에 그와 함께하기로 마음을 먹었다.

그런데 며칠 후 그의 친구 A가 캐리에게 술 한잔하자며 집으로 초대했다. A도 여자친구와 함께 지내고 있었기 때문에 크게 신경 쓰지 않았다. 경계심을 풀고 가벼운 마음으로 차를 빌려서 A의 집으로 향했다. 집 안에 들어가고 나서야 그곳에 있던 여자가 A의 여자친구가 아니라는 것을 알았다. 그 여자는 잠시 캐리와 대화를 나눈 후 다른 남자와 2층으로 올라가버렸고, 1층에는 자연스럽게 A와 캐리만 남게 됐다. 캐리는 자신의 주량을 정확히 알고 있었기 때문에 취할 것 같은 느낌이 들자 바로 술잔을 내려놨다. A는 술을 따라주면서 캐리 남자친구의 화려한

연애 경험과 과거를 들춰냈다. A가 하는 이야기들은 《위대한 개츠비》
에나 나올 법한 호화롭게 사는 사람들의 이야기 같았다.

갑자기 캐리는 자신이 매우 복잡하고 혼란스러운 상황에 놓이게 되
었다는 사실을 깨달았다. 아쉬움 때문인지 분노 때문인지 눈물이 흐르
기 시작했다. A가 달콤하게 속삭였다.

"나한테 와, 내가 잘해줄게. 그럼 그 자식한테 복수할 수 있어."

그녀의 머릿속은 온통 엉망진창이었다.

5

캐리가 법을 공부하기로 결정한 것은 병원에 입원했다가 퇴원할 때 있
었던 일 때문이다. 의사는 의료보험이 있냐고 물었고 캐리는 없다고 했
다. 의사는 고개를 끄덕이고는 종이에 5천 달러라고 적었다. 깜짝 놀란
그녀는 눈이 휘둥그레졌다.

"뭐가 이렇게 비싸요?"

"캘리포니아주에서는 다 그 정도 해요."

"왜 처음부터 얼마라고 말하지 않은 거죠? 며칠 입원하는 동안 수액
몇 병 맞은 것밖에 없는데, 5천 달러라고요? 게다가 저한테 지금 그만
한 돈도 없어요."

"사람 먼저 구하는 게 당연한 거 아닌가요? 병원비가 얼만지 그걸 얘
기할 시간이 어디 있어요. 정 안 되면 친구한테 전화라도 하시던가요."

캐리는 영화 제작사에 전화를 걸어 도움을 청했다. 회사에서는 혹시

라도 영화에 지장을 줄까 봐 서둘러 병원으로 왔다.

"저희는 의료보험이 없고, 예산도 그리 넉넉하지 않습니다. 지금은 그냥 갈 테니 무슨 일이 있으면 저희 변호사에게 이야기해주세요."

그러고는 캐리를 데리고 서둘러 병원 문을 나섰다. 길을 가던 중에 제작사 직원이 방금 있었던 상황을 설명해줬다.

"미국에 병원이 많긴 하지만 의료보험이 없으면 의사가 부르는 대로 줄 수밖에 없어요. 평균 비용보다 많을 수도 있고 적을 수도 있죠. 오늘 당신 같은 상황이면 안 주는 게 맞아요. 말도 안 되게 많이 요구한 그 의사가 잘못한 거예요."

다음 날 캐리는 병원에서 이메일을 받았다.

'진료비는 150달러입니다.'

어제는 5천 달러였던 병원비가 오늘은 150달러라니. 상식적으로 이해가 안 될 수도 있지만 이것은 명확한 지식의 차이다. 무지함의 대가라고 하는 게 맞겠다. 캐리는 150달러를 손에 쥐고 곧바로 병원으로 향했다. 그리고 그날 법을 공부하기로 결심했다. 그래야 누군가에게 당하거나 손해 보지 않을 것 같았다.

캐리는 일을 끝내고 생활패턴을 바꿨다. 먼저 무의미한 초대는 거절하고 근처 도서관에 가서 법과 관련된 책을 빌려봤다. 그리고 몇몇 친구를 통해 베이징의 한 로펌을 소개받아 촬영을 마치고 인턴 실습을 할 수 있는지 문의하기도 했다.

이런 식으로 그녀는 '법린이'에서 어느 정도 전문 지식을 갖춰 나갔고, 드디어 며칠 전 로펌에 인턴으로 입사했다.

세상 사람들이 봤을 때 캐리의 이야기는 결코 성공 스토리가 아니다.

어쨌든 지금 많은 돈을 번 것도 아니고 스타가 된 것도 아닌 데다가 이제 막 새로운 영역에 들어선 햇병아리에 불과했다. 하지만 작은 시골 마을 출신의 어린 소녀가 미국과 전 세계를 오가는 멋있고 당당한 여성이 되기까지의 여정을 돌아보면 이보다 더 흥미로운 자서전은 없을지도 모른다. 캐리는 하나의 직업에서 멈추지 않고 쉼 없이 다른 일을 찾으며 앞으로 나아가고 있다.

캐리를 아는 다른 친구와 그녀의 삶에 대해 이야기한 적이 있는데, 그는 나에게 캐리가 다른 여자들과 어떻게 다른지 물었다. 한참을 생각한 끝에 두 가지 답을 찾아냈다.

첫째, 자신의 한계를 정하지 않았고 끊임없는 변화를 추구했다.

둘째, 생각을 바로 실행에 옮겼다. 생각만 하면 아무 일도 일어나지 않는다.

내 대답에 친구는 대수롭지 않게 말했다.

"별로 대단한 것도 아니네."

"그런가? 단순한 것 같아도 막상 해보면 그렇게 쉽지 않을 거야. 대부분 사람이 너무 많은 생각을 하다 보니 일을 시작하기 전부터 이미 안 된다고 생각하는 거야. 그러면 결국 아무것도 하지 않게 되는 거지."

그가 또 물었다.

"캐리를 마지막으로 만난 게 언제야?"

"그날 그렇게 몇 마디 나누고 헤어진 게 마지막이야."

그는 왜 다시 캐리를 만나지 않았느냐고 물었다.

나도 잘 모르겠지만 그가 인생의 원대한 목표를 이루기 위해 어디든 그리 오래 머물러 있지 않기 때문이 아닐까 생각한다.

유연한 사고를 가져야
끊임없이 변할 수 있다

1

한동안 못 보던 친구와 오랜만에 만났는데, 그가 갑자기 금주 선언을 했다.

"나 이제 술 안 마셔."

술을 끊은 이유를 물어도 좀처럼 대답하지 않았다. 하지만 내 기억 속에 그는 주량도 엄청났고 술에 취하면 주사도 심했었다. 하루는 친구의 생일이라고 마시고, 다음 날은 지난 생일을 기념하기 위해 마시면서 매일같이 필름이 끊길 정도로 술에 잔뜩 취한 날을 보내기도 했다.

어느 날 그가 나에게 술을 깨기 위해 맥주를 마시러 가자고 한 말이 아직도 기억난다. 맙소사! 맥주를 마시면 술이 깨다니, 이보다 더 심한 술고래가 있을까!

청춘, 인생을 생각하는 시간

이뿐만이 아니다. 하루는 술을 마실 수 있는 컨디션이 아니었기에 음료수를 마시려고 하자, 그가 큰일이라도 난 것처럼 눈을 부릅떴다.

"친구야, 술을 안 마시면 무슨 재미로 사니! 사는 게 무슨 의미가 있어!"

다른 사람이 술을 끊었다고 하면 믿을 수 있지만 그가 금주한다는 말은 때려죽인다고 해도 쉽게 믿을 수 없었다.

그는 올해 부모님 소개로 만난 사람과 결혼하고, 양가 부모님의 도움으로 베이징 외곽에 집을 한 채 장만했다. 그 집의 계약금을 낸 이후로 좀처럼 술을 마시러 나가지 않았다. 역시 한 사람을 변화시키는 데 가족만큼 좋은 약은 없는 것 같다.

술을 마시지 않아서인지 그는 많이 변해 있었다. 예전에는 나사가 풀린 듯 말도 많고 정신이 없어 보였는데, 오늘 오후에 본 그의 모습은 말수도 줄고 내성적이다 못해 내내 한곳에 가만히 앉아 있었다. 하루가 멀다 하고 서슴없이 붙어 다녔던 그 시절을 떠올리니 그가 왠지 낯설게 느껴졌다. 그래서 내가 먼저 술이라도 한잔하자고 운을 떼봤다. 그는 생각보다 진지했다.

"정말 괜찮아. 그냥 보고 싶어서 온 거야. 나 술 안 마신 지 벌써 석 달째야."

굳이 이유를 묻진 않았다. 안 그래도 요즘 들어 주변에 갑자기 담배를 끊거나 단식을 하거나, 아니면 갑자기 채식을 하거나 하며 생활 방식을 바꾼 친구들을 많이 봐왔기 때문이다.

인생은 항상 우리에게 예상치 못한 변화를 가져다주고 사람들은 늘 자신을 못살게 구는 것으로 세상의 다양한 변화를 통제하려고 든다, 아니 오히려 즐긴다.

삶의 변화는 생각지도 못한 기쁨이나 두려움을 주기도 한다. 그러나 지극히 개인적인 의견이긴 하지만 장기적으로 봤을 때 기쁨보다 두려움이 더 많을지도 모른다. 언제부터인가 우리 주변에 이혼 후 재혼한 사람들이 생기기 시작했고 탈모에 괴로워하는 사람들이 보이는 것처럼 말이다.

그와 대화를 몇 마디 나눠보니 서로 공통된 주제를 찾기가 어렵다는 생각이 들었다. 가끔 대화가 막혀서 제대로 이어지지 않을 때는 술이 도움이 되기도 한다. 서로 잘 모르는 사이라도 술 한두 잔만 마시면 어느새 어색함은 사라지고 자연스럽게 말문이 터진다. 그러나 이번에는 철저하게 실패했다. 두 사람 중 어느 쪽도 상대방의 마음을 열지 못했다.

침묵이 그날의 소통 주제가 돼버렸다.

얼마나 오래 앉아 있었는지 모르겠지만 헤어지기 전 그와 짧게나마 나눈 대화로 그가 술을 마시지 않는 이유를 짐작할 수 있었다.

"새로운 인생을 살고 싶었어. 좀 더 또렷한 정신으로 말이야."

나는 고개를 끄덕이며 작별 인사를 했다.

그 후로 그는 사람들과 모이는 일이 더욱 뜸해졌다. 여전히 술을 좋아하긴 했지만 누구보다 자신의 습관을 잘 알고 있었기에 천천히 술자리와 멀어져서 자신의 인생을 살았다. 그는 SNS 활동도 거의 하지 않기 때문에 한동안 나는 그가 달에서 사는 건 아닌지, 사람과 교류하긴 하는 건지 궁금해하기도 했다.

사실 그날 나도 하고 싶은 말이 있었다. 나 또한 보고 싶었다고 말이다. 하지만 술 없이는 절대 말할 수 없었다.

2

30대가 되면 어느덧 청춘도 남의 얘기가 되고 세상 만물의 변화를 쉽게 느낄 수 있게 된다. 사이가 좋았던 친구가 갑작스러운 변화로 당신과 점점 멀어질지도 모른다. 그렇게 '변화'는 우리 인생의 주제가 되었다.

어린 시절 소꿉친구와 갑자기 연락이 끊긴다거나 방탕하고 자유로운 삶을 살던 친구가 갑자기 결혼한다거나 재벌 2세가 갑자기 얼마 안 되는 돈을 빌려달라거나 하는 일이 있을 수 있다. 많은 일을 경험할수록 우리도 삶의 형태가 본질적으로 천차만별이라는 사실을 더 잘 받아들일 수 있게 된다. 세상에서 유일하게 변하지 않는 것은 '변화'다.

그래서 우리는 주변 사람들에게 어떤 변화가 생겨도 이상하게 여기지 않고 받아들이기 시작했다.

어느 지루한 아침, 페터 한트케Peter Handke의 《관객모독》을 손에 들었는데, 첫 구절부터 나를 사로잡았다. 이야기가 없는 연극은 어떤 모습일지 상상하기 힘들다. 그러나 페터 한트케는 해냈다. 기존의 드라마 형식에서 벗어나 언어극Sprechstück이라는 새로운 장르를 선보인 《관객모독》은 극을 이끄는 줄거리나 사건이 없다. 그저 언어유희와 문장의 유희만 이어진다. 그는 관객들에게 보여줘야 할 연극을 관객을 욕하는 언어로 바꿔놓았다.

이 책을 막 펼쳤을 때 꽤 충격적이었다. 연극을 쓰는 작가가 실제로 일련의 사건이 가지는 서사성인 내러티브narrative를 깨고 관객의 사고에 도전한다는 것은 반드시 전통적인 요소를 가져야 한다는 연극의 틀을 깨고 내용과 형식에서 벗어나 언어 자체의 기능을 실험한 것이라고 할 수 있다.

그렇다. 누가 연극은 꼭 이야기여야 한다고 했나? 이것은 마치 누군가 이 세상에 살고 있는 나와 당신에게 삶의 형태가 전형적인 직장인의 삶과 자유롭게 세상을 떠도는 노마드Nomad의 삶뿐만 아니라 그냥 가만히 있는 것도 있다고 알려주는 것 같다. 그냥 가만히 있는 것 말이다.

과거 자료를 확인해보니, 당시 독일의 많은 관객이 이 연극을 보고 한참 동안 극장을 떠나지 못하고 오랫동안 앉아 있었다고 한다.

작가의 새로운 시도에 관객들은 큰 충격을 받았고, 무엇보다도 그들은 익숙했던 모든 것이 다른 모습으로 다가올 수 있다는 것을 문득 깨달았다. 우리가 매일 규칙에 따라 사는 것처럼 작은 돌파구가 생기면 인생은 갑자기 새로운 의미를 갖는다. 그리고 이 모든 행동의 의미는 생각의 변화에서 시작된다. 이처럼 생각은 굉장히 추상적인 단어로 우주 만물 가까이 어디든 도달할 수 있다.

그렇다면 한 사람이 갑자기 변한다는 것은 어떤 의미일까?

자신의 삶에 싫증이 났다거나 그의 머릿속에 있던 생각의 벽이 와르르 무너져서 어느 날 갑자기 자신이 변해야 한다는 것을 깨달았다는 뜻이다.

일반적으로 중년에 접어들면 이런 생각의 벽들이 점점 더 뚜렷해지고 커져서, 말 그대로 난공불락이 된다. 그래서 점점 더 희망이 보이지 않는다. 다행히 아직 세상에는 용감한 사람들이 있어서 힘껏 저항하고 벽을 허물어 그들의 세상을 점점 넓혀가기도 한다.

하지만 모든 사람의 세상이 커지는 것은 아니다. 벽이 무너지고 나면 어떻게 될까? 안타깝지만 새로운 벽이 세워지기도 한다.

직장을 그만두기 가장 어려운 나이인 마흔에 퇴사를 한 아는 형에게 물어본 적이 있다. 그의 행동이 몹시 충동적이라고 생각했기 때문에 쉽게 이해가 되지 않았다. 나이 마흔에 부양할 부모님과 자녀들도 있는데 그만두고 싶다고 그만두다니, 그럼 앞으로 어떻게 먹고살 생각인지 너무 궁금했다.

그는 침묵한 채 아무 말도 하지 않았다. 재차 묻자 결국 입을 열었다.

"뭐야, 지금 너까지 날 비난하는 거야?"

그 순간 갑자기 멍해졌다. 내가 무슨 자격으로 그를 비난하는 거지? 내가 그에 대해 얼마나 안다고? 내가 그였다면 이보다 더 나은 선택을 할 수 있었을까? 그에게 삶에 대한 새로운 생각과 방식이 생긴 건지 누가 알겠는가?

나는 서둘러 사과하고 축복해줬다.

이 세상에는 다양한 생활 방식과 다양한 이념과 행동 규범이 있다. 우리가 그중 하나를 포기한다고 해서 꼭 잘못하고 있는 것은 아니다. 우리의 생각은 파도가 넘실대는 망망대해와 같다. 바다에 이는 물보라가 다 다르고 바다에 떨어지는 잎사귀도 저마다의 이름이 있다.

내가 가진 잎이 영원히 옳다고 누가 말할 수 있겠는가?

3

원래 인간의 생각에는 한계가 없어야 한다. 우리가 함부로 행동할 수 없는 까닭은 사회적 규범과 도덕적 요구가 존재하기 때문이다. 그러나 생각은 거침없어야 한다. 생각은 바다와 하늘의 경계를 넘어, 공간과 시간을 초월해 우주와 과거로도 갈 수 있어야 한다.

그래야만 생각 속에서 우리의 행동 규칙을 찾을 수 있고, 그러면서 우리의 행동을 조금씩 변화시켜 나갈 수 있기 때문이다. 설령 아주 작은 변화라도 말이다.

나는 갑자기 그 친구가 더 이상 술을 마시지 않으려는 이유를 알 것 같았다. 술에 취한 자신의 위선적인 모습에 싫증을 느끼고, 술에서 헤어나지 못하는 자신도 지겹고, 또 술에 취해 잠 못 이루며 보낸 시간들이 지겨워졌을 것이다. 언젠가 나도 이런 생각을 하게 되지 않을까?

늦은 밤 몇 글자 끄적이다가 '이제는 내 삶을 조금이라도 통제할 수 있었으면 좋겠다'고 적었던 기억이 난다. 예를 들어, 술을 적게 마시거나 술을 마셔야만 하는 자리가 있어도 '아니오'라고 말할 수 있는 능력 정도는 있어야 하지 않을까 하는 생각에서였다. 꼭 마셔야 한다면 내가 좋아하는 사람들과 즐겁게 마시지, 무의미한 일로 인사불성이 될 때까지 마시는 일은 없도록 해야 한다.

최근 몇 년간 술은 기존 세계에 대한 나의 인식뿐만 아니라 감정까지 깨트리고 새로운 세상으로 인도했는데, 이 모든 것이 나에게는 일종의 자기 돌파였다.

원래 내성적인 성격이라 감정 표현에 몹시 서툰 편인데 술을 마실 때

만큼은 눈물을 흘리거나 미소를 짓는 게 너무 자연스러웠다. 이 세속적인 세상에서 자신이 소외되었는지 아닌지 판단하는 기준은 아주 간단한데, 감정을 표현할 수 있는지 없는지에 달려 있다고 말한 적이 있다.

그러나 여기서 문제는 매일 술을 마시는 것과 매일 술을 마시지 않는 것은 엄연히 다르다는 것이다.

나는 문득 깨달았다. 사람이 변하지는 않는 이유는 생각이 경직되었기 때문이다. 반면에 어떤 사람의 생각은 자유로워서 이미 우주 너머로 향해 있기 때문에 그들의 삶에 끊임없는 변화가 일어나는 것이다.

나 또한 이런 사람이 되고 싶다.

언제나 가장 믿음직한 사람과
어깨를 나란히 해라

1

나는 휴대폰으로 영상을 훑어보다가 우연히 리나의 영상을 보게 됐다. 지금은 내가 알던 그때와 전혀 다른 모습이었다. 세련된 명품 정장을 입고 월급쟁이이었던 리나가 창업을 해서 지식 서비스 회사의 CEO가 되기까지 고군분투한 이야기를 하는데 그 기세가 매우 당당했다.

그리고 예전에 리나가 무대에 오르기 전에 보냈던 메시지가 생각났다.

"작가님, 나 지금 무대에 올라가는데 너무 떨려요. 어떡하죠?"

보이는 것은 겉모습일 뿐, 모든 위대함 뒤에는 무대에 오르기 전의 떨림이 있기 마련이다. 가끔 휴대폰을 안 볼 때가 있어서 한참 후에 본 뒤, 막 회신하려고 하는데 리나에게서 또 다른 메시지를 받았다.

"다 끝났어요, 그런대로 괜찮은 것 같아요."

"그럼 다행이네요."

"시간 되면 술 한잔 어때요?"

"좋아요!"

그날 나와 친구들은 사케를 마시면서 벌레 울음소리를 듣고 있었고 술을 마시지 못하는 리나는 우리 옆에 앉아서 차를 마시고 있었다.

"작가님, 제가 이번 책 잘 만들어줄게요!"

그렇게 술을, 차를 마시면서 우리는 새해를 맞이했다.

2

나와 리나의 인연은 내 책을 진행하면서부터 시작됐다. 사실 나는 초창기에는 너무 무지해서 편집자들을 못살게 굴었다. 항상 밤늦은 시간에 편집자에게 연락해서 원고를 보낼 테니 잘 썼는지 봐 달라고 하곤 했다.

그런데 리나는 나보다 더하면 더했지 결코 덜하지 않았다. 밤늦게 메시지를 보내도 몇 분 후면 곧바로 답장이 왔다.

"별론데요."

그게 다였다. 리나와는 워낙 친한 사이였기 때문에 하고 싶은 말이 있으면 숨기지 않고 솔직하게 하는 편이었다.

그리고 다음 날 아침, 아직 이른 시간인데 리나에게 다시 메시지가 왔다.

"방금 다시 봤는데요, 글이 좋네요!"

나중에 알게 된 사실이지만 리나는 내 책을 편집할 당시 10년간의 긴

연애에 마침표를 찍은 뒤 이를 악물고 불쑥 올라오는 감정을 꾹꾹 누르면서 홀로 베이징으로 돌아온 후였다고 한다. 당시 리나는 돈도 없고 친구도 없던 터라 언제나 불면증에 시달렸다. 그러나 다음 날 아침이 되면 아무 일 없는 듯이 정신을 차리고 다시 세상 속으로 뛰어들었다.

나는 항상 리나에게 사랑의 우선순위를 그렇게 높이 두지 말라고 잔소리하는 편이다. 우리 인생에는 사랑 말고도 아름다운 것이 얼마든지 있다.

리나는 나중에 내 말이 무슨 의미였는지 깨닫고 자신을 얕잡아 본 사람들을 반드시 후회하게 할 거라며 강한 의지를 내비쳤다.

"그럼 이 책을 잘 만드는 것부터 시작합시다. 천 리 길도 한 걸음부터라잖아요!"

"좋아요, 보란 듯이 잘 만들고 말겠어요!"

3

리나는 정말 열심히 매사에 최선을 다했다. 흔히 영혼을 갈아 넣는다는 표현을 쓰는데 그 표현이 딱 맞았다. 처음 리나를 만나러 출판사에 갔을 때 안내데스크로 가서 찾았다.

"안녕하세요. 리나 씨를 만나러 왔습니다."

안내하는 직원이 고개를 들고 몸을 앞으로 기울였다.

"어떤 분을 말씀하시는 거죠? 저희 회사에 '리나'라는 이름을 가진 분이 여럿입니다."

리나가 얼마나 존재감이 없는지 짐작할 수 있었다.

그 후로 이런 의미 없는 대화를 피하고자 저녁에 약속을 잡기로 했다. 그 회사의 다른 '리나'들이 퇴근하고 난 후에 다시 연락했다. 우리는 매일 작은 방에서 이 책의 세부 사항을 다듬었다. 작업이 어느 정도 마무리되면 적당한 곳에서 술을 마시거나 밥을 먹곤 했다. 리나는 항상 식사한 후 다시 회사로 돌아가서 일을 했다.

표지를 만들 때였다. 리나는 디자이너와 밤 늦게까지 표지 작업을 하다가 고심 끝에 수십 마리의 고양이를 그려 넣었다. 최종 확인을 위해 대표에게 가져갔는데, 대표는 마음에 들지 않아 했다.

"고양이가 뭐가 예쁘다고?"

하지만 리나는 뜻을 굽히지 않았다.

"고양이 느낌이 작가의 문체와 어울리는 것 같아요. 부드러움 속에 숨어 있는 강인함이라고 해야 할까요."

리나의 의견대로 고양이가 그려진 표지가 승인되고 얼마 지나지 않아 그 책은 '올해의 베스트셀러'가 되었다. 그날 이후로 많은 자기계발서의 표지마다 동물이 등장했고 하마터면 출판계 전체가 동물의 왕국이 될 뻔했다. 대표도 마음이 바뀌었는지 이 책을 보면서 고양이 표지가 참 마음에 든다며 칭찬을 아끼지 않았다.

그다음 책을 출간할 때도 역시 디자이너를 못살게 굴었다. 우리의 호흡이 잘 맞아떨어져서 그런지 그 책 역시 '올해의 베스트셀러'가 되었다.

그 뒤로 출판사에 갈 일이 있었는데, 안내데스크 직원이 미소를 지으며 말했다.

"리나 씨 만나러 오셨나요?"

이런 기회를 그냥 놓칠 리가 없는 나는 시답잖은 농담을 던졌다.

"어떤 리나요?"

4

이 세상에서 성공하려면 어느 정도의 집착이 필요하다. 리나가 그랬다. 작은 시골 마을에서 올라온 소녀가 어느덧 출판업계에서 알아주는 유명한 편집자가 되었다. 오로지 자신의 노력만으로 집을 마련했고 남부럽지 않은 삶을 살고 있다.

사실 이 업계에서 편집자와 작가가 좋은 관계를 유지하기란 쉽지 않다. 일하다 보면 어쩔 수 없이 갈등이 생기기 마련이다. 다행히 우리는 지금까지 거의 매주 만나서 술을 마실 정도로 좋은 관계를 유지하고 있다.

하지만 좋은 시절은 오래가지 못한다고 했던가. 어느 날, 류저우의 한 고등학교에서 저자 사인회가 있었다. 당시 한 학생의 질문에 현장에 있던 사람들이 웃음을 터뜨렸는데, 웃음소리가 너무 귀에 거슬렸다. 결국 나는 사인회를 중단했다. 그리고 그날 밤 SNS에 글을 연달아 올렸는데 뜻하지 않게 그 학교 학생과 말다툼이 벌어졌다.

상황이 점점 복잡해지자 현지 서점은 상황이 더 악화될까 봐 두려워 출판사에 연락해서 만약 내가 인터넷에 계속 이 일을 언급하면 잔금을 치르지 않겠다고 으름장을 놨다. 출판사는 나와 얘기하다가 좀처럼 해결책을 찾지 못하자 내가 친한 친구의 말만 듣는 사람이라는 이상한 소문을 어디서 들었는지 바로 베이징에 있던 리나를 류저우로 보냈다.

그날도 마찬가지로 술을 마시러 가긴 했지만 나를 설득하기 위해 리나를 보낸 출판사의 의도가 너무 괘씸해서 화가 치밀어 올랐다. 하지만 리나에게 무슨 말을 해야 할지 몰랐다. 술을 한두 잔 하고 나서 리나가 먼저 용기를 내서 말을 꺼냈다.

"작가님, SNS에 올린 글 있잖아요. 그거 삭제해요."

나는 아무 말도 하지 않고 술만 마셨다. 그날 사인회에서 갑자기 터져 나온 웃음소리가 좀처럼 잊히지 않았다.

리나가 다시 말을 이었다.

"제가 여기까지 왜 왔는지 잘 아시잖아요. 작가님이 그 글 지우고 더이상 일 크게 만들지 않게 설득하라고 저를 보낸 거라고요. 그러니까 이제 그만 신경 끄세요."

그렇지만 내가 아무 말도 하지 않자 마음이 다급해졌나 보다.

"무슨 말인지 알겠죠? 이제 신경 쓰지 말라고요. 듣자니 어젯밤에 누가 호텔 방문을 두드렸다면서요. 협박 메시지도 받고……. 내일 베이징으로 돌아가는 건 어때요? 작가님이 한 일이 옳다는 건 알지만 자칫 잘못하면 관계가 틀어질 수도 있어요."

나는 잔에 남아 있던 술을 마시고 와인 한 병을 새로 따서 마시기 시작했다. 아무 생각 없이 마시다 보니 눈이 빨개질 정도로 술에 취하고 말았다.

"있잖아요. 우리는 결국 아무도 이 XX 같은 시대를 이길 수 없을 거예요. 그리고 자신이 싫어하는 사람이 되어 있겠죠."

나는 내 밑에 있던 작가에게 전화를 걸었다.

"5분 있다가 나한테 아무 연락이 없으면 그 글 삭제해줘요."

전화를 끊고 테이블 위에 휴대폰을 내려놓은 후 말했다.

"우리가 좋은 사람이 될지 아니면 옳은 사람이 될지 5분 안에 결정해야 해요. 좋은 사람이 되고 싶다면 없던 일로 생각하면 되고, 옳은 사람이 되고 싶다면 학교 측에 공식적인 설명을 요청할 거예요."

째깍째깍 시간이 흐를수록 초조해진 리나는 와인 잔을 집어 들더니 단숨에 다 마셔버렸다. 그리고 벌겋게 달아오른 얼굴을 들이밀며 이를 악물었다.

"나도 모르겠다. 그냥 하고 싶은 대로 해요. 저도 작가님이 옳은 줄 알겠는데⋯⋯. 알겠다고요! 저도 몰라요, 잘리기밖에 더 하겠어요?"

나는 실실 웃으면서 다시 작가에게 전화를 걸었다.

"지우지 말고, 그들보고 알아서 하라고 해요."

"네? 벌써 지웠는걸요. 5분이 지났는데 아무런 연락이 없으셔서⋯⋯."

그날 우리는 이 XX 같은 시대를 안주 삼아 술을 많이 마셨다. 다음 날 아침 일찍 베이징으로 돌아가게 될 것을 알고 있었지만 술기운을 빌려 리나에게 한마디 했다.

"리나 씨, 어렸을 때 기억나요?"

순간 리나의 눈시울이 붉어졌다.

5

어렸을 적 리나는 다리가 불편해서 여러 차례 수술을 받았다. 이후 조금씩 상태가 호전되어 목발을 짚고 걸을 수 있게 됐다. 그러나 학교 친구들은 늘 비웃는 것도 모자라 괴롭히기 일쑤였다. 마음 같아서는 쫓아가서 때려주고 싶었지만 그러지 못하고 그들이 낄낄거리며 도망가는 모습을 지켜볼 수밖에 없었다.

거기서 끝이었으면 좋았겠지만 어린아이들이 다 그렇듯 몇몇 나쁜 친구들이 리나의 목발을 나무에 매달아 놓고 직접 가져가라고 했다. 절뚝거리며 목발을 가지러 가는 모습을 보고 또다시 낄낄거리며 놀리기 시작했다. 몹시 화가 난 리나는 혼자 학교에서 집까지 기어갔다. 집에 돌아와서 보니 온몸이 피투성이였다고 한다.

다시 나는 리나에게 넌지시 물었다.

"그때 '그만해, 이건 옳지 않아!'라고 말하는 사람이 있었다면 어땠을 것 같아요?"

리나는 더 이상 아무 말도 하지 않고 계속 고개만 흔들었다. 베이징에 돌아온 후 나는 집에 틀어박혀서 새 작품을를 쓰기 시작했고, 자연스럽게 리나와의 연락도 뜸해졌다.

리나와의 작업은 거기서 끝이 났다. 물론 그때 있었던 일에 대한 분노와 불만을 표시하기 위함이었다. 그 후에 나온 책들은 모두 다른 출판사에서 출판했다.

우리는 그렇게 각자 제 갈 길을 갔다. 리나는 새로운 작가를 찾아다녔고 나도 계속해서 새로운 작품을 썼다. 어느덧 1년이 훌쩍 지났지만 서로 연락하지 않았다.

시간은 그렇게 흐르고 또 흘렀다. 그러던 어느 날, 리나가 메시지를 보내왔다.

'저 회사 그만뒀어요. 우리 술 한잔해요!'

6

그동안 연락은 뜸했지만 우리가 친한 친구라는 사실은 변함없었다. 리나가 회사를 그만두고 앞으로 나아가기로 했다는 것을 알고 내심 너무 기뻤다.

리나는 지식 공유와 서비스를 제공하는 회사를 차렸다. 대학입시반 뿐만 아니라 마케팅 관련 수업 등 이미 다양한 수업을 개설한 상태였다. 보기만 해도 무척이나 바빴을 것 같았다. 어쨌든 사람은 계속해서 앞으로 나아가면 복을 받을 수밖에 없다.

나는 유료 지식 플랫폼을 별로 좋아하지 않았다. 지식을 얻는 데 돈을 지불하면 안 된다는 뜻이 아니라 이 업계에 진짜 재능을 가진 사람이 별로 없기 때문이다. 리나가 이 업계에 뛰어든다고 했을 때 별말 없이 축복해주었지만 다시 함께 일할 생각은 없었다. 세상일이 그렇듯 특별한 일이 있으면 같이 모여서 술 한잔하고, 그렇지 않으면 각자 서로의 위치에서 치열하게 삶을 살았다.

우리는 일에 있어서만큼은 서로 간섭하지 않고 각자에게 주어진 일만 열심히 했다. 그러다 시간이 되면 만나서 식사도 하고 술도 마시면서 이 업계에서 조심해야 할 일을 몇 가지 알려주기도 했다. 또 서로 시간이 안 맞으면 바쁜 나날을 보내며 초심을 잃지 않도록 스스로 일깨우곤 했다.

어느 날 친구들과의 모임에서 다들 밥도 많이 먹고 술도 웬만큼 마신 상태였는데, 리나의 표정이 점점 굳어지더니 순식간에 절망 모드로 변했다.

무슨 일이 있는지 묻자, 한참 후에 입을 열었다.

'곧 회사가 망할 것 같아요.'

갑자기 분위기가 싸늘해졌고 모두 아무 말도 하지 않았다. 창업에서 성공하기가 얼마나 어려운지 누구보다 잘 알고 있기에 리나의 마음을 조금이나마 헤아릴 수 있었다. 많은 창업자가 큰 회사로 성장하기를 바라는 것이 아니라, 그저 오늘 하루만 잘 버틸 수 있기만을 바란다.

"이 업계가 참 쉽지 않네요. 이제 막 시작해서 모르는 것도 많고. 1년 동안 투자도 많이 했는데, 좀처럼 나아질 기미가 안 보여요."

"진작 말하지 그랬어요."

리나는 애꿎은 밥만 뒤적거리다가 고개를 푹 숙였다.

"다들 바쁜 거 아니까 말 안 했죠."

"우리가 뭐 도와줄 거라도 있어요?"

나는 어떻게 말을 꺼내야 할지 모르겠다는 리나의 어색한 표정에 다시 물었다.

"그냥 솔직하게 말해봐요, 친구잖아요."

"그럼, 작가님이 수업 하나만 맡아주면 좋겠어요. 그렇게 해주면 안 될까요? 리샹룽의 신박한 이야기 수업! 어때요? 회사도 살리고 작가님도 좋은 원원이잖아요."

그러더니 아주 익숙한 한 마디를 덧붙였다.

"저 이거 진짜 잘 할 수 있어요!"

7

나는 강의를 하겠다고 약속했고, 그리하여 '리샹룽의 신박한 이야기 수업'이라는 이름의 수업이 만들어졌다. 리나가 없었다면 나도 이렇게 많은 글을 쓰고 많은 정보를 공유하지 못했을 것이다. 그때도, 지금도 리나에게 참 고맙다.

늘 하던 대로 수업자료를 만들었다. 또 자료를 수집하고 요점을 정리해서 PPT를 만들었다. 이것은 내 수업의 관행으로 지금껏 변한 적이 없다. 몇 달 동안 매일 수업 준비만 했다.

나는 작가들을 위한 글쓰기를 가르쳤다. 여기서 작가라고 하면 글 쓰는 걸 업으로 하며 이를 통해 자신의 가치를 실현하고자 하는 사람들을 말한다.

내 수업은 여러 시즌에 걸쳐 개강했고 수업을 듣는 많은 학생이 출판의 꿈을 이루었다. 수업 외에도 학생들의 글을 수정하거나 출판사를 소개해주는 일 등으로 바쁜 나날을 보냈다. 그들의 책이 나올 때마다 나는 리나와 함께 밥을 먹거나 술을 마셨다.

그러나 이보다 더 신나는 일은 몇 년 만에 리나를 다시 만나게 됐다는 것이다. 이별은 더 나은 만남을 위한 것이고, 재회는 서로의 성장을 지켜보기 위함이다.

청춘은 늘 그렇다. 떠나는 사람이 있으면 만나는 사람이 있고, 또 곁에 있는 사람이 있으면 생각만 해도 눈물 흐르게 하는 사람이 있다.

이 빌어먹을 세월을 사는 우리는 누군가를 잊어버리고 잠시 헤어지게 될지 모르지만, 분명히 헤어졌다가 다시 만나는 사람들도 있다.

항상 어깨를 나란히 하고 옆에 있어준 사람들은 결코 잊을 수 없다.

큰 목표에는
작은 노력이 필요하다

1

SNS에 영화 〈버킷리스트The Bucket List〉 추천글을 게시하자마자 많은 사람이 어떻게 계획을 세워야 하는지 물어왔다. 한 달이나 한 해, 심지어 평생 계획은 어떻게 세워야 하는 건지 너무너무 궁금해했다. 솔직히 나도 잘 모른다. 다행히도 그동안 읽었던 책에서 다양한 해답을 찾을 수 있었다.

그중에서도 청나라 말기의 정치가이자 학자인 증국번(曾國藩)의 '큰 문제에 주안점을 두고 작은 문제부터 착수하라(大処着眼, 小処着手)'는 말을 자주 인용해서 답해주곤 했다.

이 말을 가장 먼저 한 사람이 누군지 확인할 방법은 없지만, 증국번이 말했고 그것을 그의 인생 기준으로 삼은 것은 분명하다. 이 말 뒤에

청춘, 인생을 생각하는 시간

이어지는 문장이 하나 더 있다.

'여러 사람과 함께 있을 때는 언행을 조심하고, 홀로 있을 때는 마음을 지켜라(群居守口, 獨坐防心).'

개인적으로 앞서 언급한 큰 문제에 주안점을 두고 작은 문제부터 시작하라는 말에 깊이 공감한다. 미래에 대한 두려움으로 어찌할 바를 몰라 헤맬 때마다 이 단순한 여덟 글자가 나에게 깊은 지혜를 주었고 올바른 방향으로 안내해줬다.

그러나 단순한 진리일수록 그것을 실행해내기란 결코 쉽지 않다.

주변을 잘 살펴보면 얼마나 많은 사람이 반대로 하고 있는가? 그들은 작은 문제에 집중하느라 아무것도 보지 못하고, 큰 문제부터 해결하려고 들어 결과적으로 아무것도 이루지 못한다.

2

연초만 되면 많은 사람이 신년 계획을 세우고 새로운 비전을 찾느라 바쁜 나날을 보낸다. 그래서인지 계획은 급하게 세운 티가 나고 새로 찾은 비전도 어딘지 모르게 공허해 보인다. 연초에 연말을 생각하는 것 자체가 너무 멀리 내다보는 것이다. 원래는 멀리 볼수록 더 선명하게 보이는 법이다. 그런데 흥미로운 점은 많은 이들이 멀리 볼수록 더 헷갈린다는 것이다.

작년 초에 리동에게 연락이 왔다.

"형, 만약에 새해에 내가 담배를 피우면 날 때려줘!"

나는 그가 무슨 말을 하는 건지 어리둥절했다.

"기억나? 5년 전에도 똑같이 말했었잖아."

미안한 말이지만 리동은 정말 골초다. 예전에 일이 잘 풀리지 않았을 때가 있었는데, 그때부터 담배를 피우기 시작해서 지금까지 끊지 못하고 있다. 최근 몇 년간 그의 새해 소망은 언제나 '금연 성공'이었지만, 매년 실패하고 말았다.

솔직히 금연은 언제든지 마음만 먹으면 실행할 수 있다. 굳이 연초까지 기다렸다가 새해 소망이라며 거창하게 떠들어댈 필요는 없다. 다니엘 핑크Daniel H. Pink의《언제 할 것인가》를 보면 새로운 시작을 할 수 있는 86일에 대한 내용이 있는데, 예를 들면 이런 거다. 1년에 매주 월요일은 54번이고, 매달 1일은 12번, 사계절의 첫날은 4번, 자신의 생일 1번, 사랑하는 사람의 생일 1번 등이다. 새로운 시작을 할 수 있는 날이 이렇게 많은데 왜 시작하지 못하는 걸까?

'큰 문제에 착안해라'라는 말이 단순해 보이지만 수많은 지혜를 담고 있어서 그에게 공유해줬다.

우리가 세워둔 계획을 살펴볼 때는 눈으로 대략적인 방향을 보는 것이 좋다. 현재 상황이나 나는 담배를 끊을 거야 같은 구체적인 것까지 들여다볼 필요는 없다. 하지만 직접 행동에 옮길 때는 작은 것부터 천천히 해나가야 한다. 담배를 꺼내 물때마다 담배를 피우지 않도록 스스로 상기해야 한다.

목표를 세울 때 작은 디테일을 신경 쓰기보단 크고 원대한 방향을 잡는 데 초점을 맞춰야 한다.

예를 들어, A의 올해 목표는 건강한 사람이 되도록 노력한다가돼야 한다. 실제로 인간관계를 위해 담배를 피워야 할 때도 있고, 그런 상황을 피할 수 없다면 최소한 담배를 한 모금 피우더라도 중독에 빠지지 않도록 해야 한다. 또 지금 상태도 좋지 않고 기분이 별로여서 담배가 생각난다면 서둘러 다른 방법을 강구해 잘못된 선택을 피하도록 한다. 이런 방향으로 목표를 설정하는 것을 우리는 큰 그림을 본다거나 큰 문제에 착안한다고 할 수 있다. 어쩌다가 담배를 피우게 되더라도 어쨌든 크게 봤을 때는 담배를 안 피우는 쪽에 훨씬 가까워진다.

그러므로 우리의 새해 목표는 어느 작은 특정한 일에 매달리지 않고 큰 방향을 잡아가는 것이 중요하다. 우리의 눈이 종일 별 볼 일 없는 작은 일만 보고 있으면 행동도 언젠가 다른 방향으로 변하고 말 것이다.

지난 몇 년 동안 리동도 삶이 너무 괴로워서 아무도 없는 한밤중에 담배를 자주 피웠다. 괴로움을 덜기 위해 담배를 피우기 시작한 건데 오히려 피우고 나면 더욱 힘들고 괴로웠다. 그래서 그는 내 말을 듣고 아주 깜찍한 짓을 했는데, 전자담배를 사서 입에 물고만 있었다. 그해 중반쯤 그는 니코틴 중독에서 벗어났고 얼마 지나지 않아 전자담배까지 잃어버려서 조금씩 담배를 끊었다. 큰 방향을 잡는 것이 얼마나 중요한지 잘 보여주는 사례다.

왜 큰 방향을 잡는 것이 중요할까?

한 가지 사례를 더 나눠보자면, 며칠 전 영화 한 편을 봤다. 제작자 몇 명이 다 내 친구들이라 영화에 대해서 딱히 뭐라고 말하기가 곤란하다. 아무튼 요즘에는 노래를 각색한 영화가 점점 늘어나고 있는데, 이런 영화의 특징은 대부분 추억팔이를 하거나 감성 마케팅을 한다는 것이다.

나는 서른이 넘도록 여전히 자신의 감정을 강조하고 끊임없이 과거를 회상하는 건 지금까지 자신이 잘살지 못했다는 것을 보여주거나 감정을 단지 돈을 벌기 위한 수단으로만 사용하는 것밖에 안 된다고 생각했다.

역시나 확인해보니 이 영화도 흥행이나 평론 면에서 그리 만족스러운 결과를 얻지 못했다. 사실 이야기를 잘 풀어내지 못해서가 아니라 영화 속 그 시절이 이미 지나갔기 때문이다. 청춘 영화가 한창 유행하기 시작했을 때만 해도 다른 장르의 영화를 볼 기회가 별로 없었고 그럴 만한 환경도 아니었다. 하지만 지금은 시대가 변해도 너무 많이 변했다. 우리에게는 다양한 영화를 볼 수 있는 선택권이 생겼는데, 누가 아직도 그 시절 향수에 젖어 추억을 곱씹으려 하겠는가? 굳이 무미건조한 추억을 불러올 필요가 있을까? 만약 여태까지 캠퍼스 연애 로망이나 첫사랑의 아쉬움, 짝사랑 등 작은 것만 주시하고 있다면 결과가 목표와 달라질 수밖에 없다. 그가 하는 행동이 모두 작은 것을 성취하기 위함이라면 큰 것을 놓칠 가능성이 매우 크다.

시간과 경험이 쌓이면서 모든 시대마다 그 시대를 이끌던 트렌드가 있었다는 사실을 깨달았다. 우리가 굳이 트렌드를 따라갈 필요는 없지만 최소한 역행해서는 안 된다.

이제는 더 이상 누가 영화를 찍었다고 해서 우르르 몰려가서 보는 시대는 끝났다. 세상이 달라졌다. 아직도 과거의 방식을 고집한다면 결국 모두에게 외면당하고 말 것이다.

청춘, 인생을 생각하는 시간

과거에 영화계를 주름잡았던 베테랑들이 지금 이 시대도 주름잡기란 쉽지 않다. 그들은 한때 시대를 풍미했다고 생각하지만 사실 시대는 단순히 어떤 사람으로 대표되지 않는다. 시대는 행동하는 사람, 정확히 말하면 인류가 진화시킨 사건이나 세상을 발전시킨 사건으로 대표되고 기억된다.

그러나 조금만 살펴봐도, 주변의 많은 사람이 가장 중요한 비전을 너무 작은 것에 두다 보니 오히려 큰 것을 놓치거나 집착하는 경우를 보게 된다.

문득 한 감독의 일화가 떠올랐다. 그는 주인공을 섭외할 때 무조건 얼굴에 상처가 있는 배우를 찾아다녔다고 한다. 아마도 되도록 원작의 인물과 비슷한 느낌을 주고 싶었던 것 같은데, 감독의 집착도 한몫했던 것 같다. 감독이 흉터의 모양과 길이, 크기에 집착하는 바람에 엄청난 인력과 시간을 허비하고 말았다. 결국 그 작품은 타이밍을 놓쳐 대중에게 좋은 반응을 얻지 못했다.

또 어떤 청년이 나에게 들려준 이야기가 떠올랐다. 대학교 3학년이 된 해, 그는 올해는 무슨 일이 있어도 여자친구를 만들겠다고 결심했다. 농담인지 진담인지 모르겠지만 결국 만신창이가 됐다며 쓴웃음을 지어 보였다. 대학교 4학년이 된 그는 다니던 아르바이트에서 쫓겨났고 대학원 시험도 떨어졌으며 무엇보다 만나던 여자친구도 떠나버렸다. 만약 그가 조금 더 멀리 내다볼 수 있었으면 어땠을까?

세상의 거의 모든 집착은 큰일은 제쳐두고 바로 눈앞에 보이는 것만 집중하기 때문에 생겨난다. 어느 하나에 마음을 빼앗겨 전체를 보지 못하면 결과적으로 아무것도 보지 못하는 것과 같다.

3

작은 일을 제쳐두는 것보다 더 무서운 것은 큰일에 집착하는 것이다. 앞에서 얘기했던 새해 소망으로 다시 돌아가 보자. 새해로 넘어가는 마지막 날 밤, SNS에 이런 글이 많이 올라온다.

'새해에는 나를 존중해줘야지!'

'존중'은 크게 봤을 때 일종의 지혜이기에 자신을 존중할 수만 있다면 더 이상 좋은 것이 없다. 그런데 문제가 생겼을 때 어떻게 하는지 유심히 관찰해보면 어떤가? 그 반대일 것이다. 아무것도 하지 않고 그저 가만히 기대만 하고 있다. 그러고 있으면 누가 당신을 존중해줄까?

세상의 존중을 기대한다면 먼저 나 자신을 존중할 줄 알아야 한다. 작은 것부터 해나가면 된다. 작으면 작을수록 좋은데, 더 잘 보이고 쉽게 해낼 수 있기 때문이다.

몇 가지 예를 들어보면, 매일 일찍 일어나야 한다면 저녁의 무의미한 모임과 회식은 포기해야 한다. 알람을 맞추고 의식적으로 일찍 일어나도록 한다. 매일 책을 읽어야 한다면 언제든지 책을 볼 수 있도록 책을 침대 옆에 두거나 휴대폰에 독서 앱 몇 개를 다운로드해두도록 한다. 또 1년에 10kg을 감량해야 한다면 자신이 언제 허기를 느끼고 식단을 어떻게 조절하고 어떤 운동을 할지 분명히 알아야 한다.

이때 작은 것부터 시작하면 눈에 보이는 목표에 쉽게 도달할 수 있다.

청춘, 인생을 생각하는 시간

내 작품이 웹드라마화될 때 감독님과 자주 대화를 나누곤 했는데, 그때 감독님이 나에게 무엇을 원하는지 물어본 적이 있다. 내가 무엇을 중요시하는지 알고 싶었던 것이다. 만약 그때 내가 인물들에 대해 조목조목 상세하게 원하는 바를 이야기했다면 이 영화는 진작 엎어졌을 것이다. 나는 이 작품을 통해 시청자에게 말하고 싶은 부분만 간략하게 이야기했다. 감독님은 내 의도를 제대로 파악한 것 같았다.

"알겠습니다. 무슨 말인지 알겠어요. 저한테 맡기세요."

그 후로 그는 영화의 모든 구성과 배우의 동작, 대사 하나까지 세밀하게 신경을 썼다. 우리의 일상뿐만 아니라 직장에서도 이 진리는 동일하게 적용된다.

일반 회사도 마찬가지다. 회사 대표는 조직의 눈이고 직원들은 조직의 손이다. 대표가 종일 작은 일에만 매달려 있으면 회사는 오래가지 못한다. 대표는 목표를 바라보고 직원들에게 갈 바를 알려주면 된다. 그리고 직원들은 작은 일에 책임을 지고 목표를 향해 조금씩 나아가는 것이야말로 올바른 방법이다.

이보다 더 단순한 이치가 있을까? 그런데 생각보다 모르는 사람이 너무 많다. 내가 길을 잃고 방황할 때마다 딱 두 가지만 떠올린다. 하나는 대략적인 목표가 충분히 큰지 확인하고, 또 하나는 하는 일이 충분히 작은지 확인한다.

이 인생의 규칙은 항상 나에게 유익함을 더해주고 함께 노력할 수 있는 원동력이 된다.

뒤돌아보지 말고
앞으로 나가라

한동안 너무 예민하고 감정 기복도 심해서 사소한 일에도 이성을 잃고 다른 사람과 다투는 일이 많았다. 매일같이 피곤한 일상을 보내는데도 잠을 이루지 못하고 뒤척이다가 다음 날을 맞이한 적도 많았다. 그때는 눈만 감으면 머릿속이 온갖 쓸데없는 생각들로 가득 차서 양을 무한정 세는 걸로도 해결되지 않았다.

그래서 결국 찾은 방법이 술이었다. 잠을 자기 위해 술을 마시기 시작했는데, 이건 잠이 드는 게 아니라 거의 기절한다는 게 더 맞는 말이었다. 하루는 가족들과 크게 싸우고 나서 나도 모르게 울음을 터트리고 말았다. 나와 가장 가까운 가족들조차 날 이해하지 못한다는 서운함과 그동안 홀로 감당해야 했던 부담감과 괴로움 같은 감정들을 모두 쏟아냈다. 그렇게 울다가 거의 이성을 잃고 문밖으로 뛰쳐나갔다. 아래층으

청춘, 인생을 생각하는 시간

로 내려와 오고 가는 차들을 바라보니 감정이 다시 바닥을 쳤고 그 순간 부정적인 감정이 온몸을 휘감는 듯한 느낌이 들었다. 다행히도 금방 흥분이 가라앉으면서 걸음을 멈췄고 감사하게도 지금까지 살아 있다. 그때부터 감정을 조절하는 나만의 노하우를 갖게 됐는데, 감정이 상하고 마음이 무너질 때면 차분하게 나 자신에게 말한다.

'리샹룽, 호흡에 집중하자. 호흡에 집중하면 조금씩 진정되고 기분도 좋아질 거야.'

물론 이 방법도 도움이 됐지만 근본적인 해결책을 찾고 싶어서 의사를 찾아갔다. 몇 가지 심리테스트와 기계를 이용한 검사를 받은 후, 우울증 진단을 받았다.

진단 결과에 우울증이라고 적힌 걸 보고도 내 눈을 의심했다. 의사가 최근 내 상태가 어떤지 말해보라고 했다. 바로 그때 난생처음 모르는 사람 앞에서 큰 소리로 꺼이꺼이 울기 시작했다.

의사는 조용히 휴지 한 장을 건네주고는 아무 말도 하지 않았다. 나는 쉬지 않고 이야기를 털어놨다.

"저는 이제 막 상장을 앞둔 회사의 공동 대표예요. 여러 베스트셀러를 쓴 작가기도 하고요. 누군가에게 긍정적인 영향을 주기도 했지만 정작 저 자신은 정말 고통스러웠어요. 특히 유명해지기 시작하고, 소위 사회적 지위가 생긴 이후로 더 심해졌어요. 전혀 기쁘지 않았죠. 원래 그렇게 많은 사람을 만나는 걸 좋아하지 않아요. 공개석상에서 주목받는 것도 익숙하지 않고요. 솔직히 말해서 단 하루도 즐거웠던 적이 없었어요. 그래서 매일 술을 마셨어요. 마침 불면증도 심해서 술 마시는 좋은 핑계로 딱이었죠. 그렇게 마시다 보니 다음 날이 더 힘들어졌어요. 저는 남들이 보지 못하는 것을 보고, 듣지 못하는 것을 들을 수 있다고 생각했어요…….”

얼마나 오랫동안 얘기했는지 눈물은 이미 마른 지 오래였다. 그때 의사가 나에게 한 말이 아직도 기억난다.

“이렇게 젊은 나이에 큰 성공을 이루다니, 정말 대단하시네요!”

의사도 내가 어떻게 이 자리까지 왔는지 이해하지 못하는 것이 분명했다.

그는 나에게 약을 처방해주면서 너무 일에만 매몰되지 말고 금주와 규칙적인 운동을 병행하면서 일상으로 돌아가라고 조언해줬다. 집으로 돌아온 나는 진단서를 누나에게 보여줬다. 누나도 놀라긴 마찬가지였다.

“괜찮을 거야. 아마 누구라도 가서 검사받으면 멀쩡하다고 나오는 사람 없을걸.”

이 말이 나에게 큰 위로가 됐다. 내가 남들보다 조금 더 나은 건 그래도 책을 많이 읽기 때문이다. 물론 우울증에 관한 책도 많이 읽어봤는데, 덕분에 다양한 자가 치료법을 시도해볼 수 있었다. 첫째, 우울증을 너무 심각하게 받아들이거나 너무 대수롭지 않게 여기지 않고, 둘째, 중요하지 않은 일, 무의미한 인간관계에 대한 집착을 내려놓고 일상으로 돌아가기로 했다. 매일 운동을 하고 요리를 하기 시작했다. SNS 활동을 줄이기 위해 계정을 비활성화시켰다. 대신 집에서 조용히 책을 읽거나 영화를 봤다. 그래서인지 약을 잘 챙겨 먹지 않고도 스스로 회복할 수 있었다.

인디언 속담에 '너무 빨리 달리면 영혼을 놓칠 수 있다'라는 말이 있다.

나는 영혼이 너무 앞서가서 내 몸이 따라가지 못하는 경우다. 그러다 보니 정신적 이상뿐 아니라 몸에서도 점점 경고 메시지를 내보내고 있었다. 갑자기 프랑스 작가 알베르 카뮈Albert Camus의 말이 떠올랐다.

'중요한 건 상처를 치료하는 게 아니라 상처를 안고 살아가는 것이다.'

그동안 나를 숨 막히게 하던 일을 내려놓고 내 삶을 재정비하기로 마음먹었다. 아무리 바빠도 일주일에 한 번은 친구나 가족을 만났다. 그들은 나의 유일한 버팀목이 되어주었고, 덕분에 한 달 만에 눈에 띌 정도로 건강이 회복됐다. 작은 일로 신경이 곤두서거나 짜증 나는 일이 없었고 수면의 질도 높아졌다. 술도 취할 정도로 마시지 않고 가볍게 한두 잔에서 멈출 수 있게 되니 일상생활에도 크게 무리가 되지 않았다.

얼마 후 병원에서 재검사 결과를 받았다.

"축하합니다. 잘 회복하고 계시네요."

그 뒤로도 식단 조절과 운동은 빼놓지 않고 하다 보니 체력은 둘째치고 건강이 회복되는 것 같아 기분이 너무 좋았다. 한동안 이 일에 대해 말하기를 꺼렸다. 나에게 그리 좋은 일도 아니었고 조금 겁이 났기 때문이다. 병원에서 회복됐다는 말을 들은 날 의사가 우리 같은 사람들은 심리적으로 문제가 있을 수 있다고 말했다.

나는 잘못 들은 건가 싶어서 다시 물어봤다.

"우리 같은 사람이요? 어떤 사람인데요?"

"성공한 사람들이요."

내가 언제부터 성공한 사람이 된 건지 모르겠지만 새어 나오는 웃음을 참느라 혼났다. 집으로 돌아온 나는 지난 30년 인생을 천천히 돌아봤다. 사실 수년간 '청년 시절을 어떻게 보내야 할까요?', '어떻게 하면 원망과 후회 없이 살 수 있을까요?' 등의 질문을 많이 받았다.

나름 선생님으로 살다 보니 나 역시 삶에 대해 이런저런 이야기를 많이 하곤 했다.

나의 청춘은 다른 사람들보다 멋있었다. 물론 모든 사람이 나처럼 생각하지 않을 수도 있다. 사관학교를 2등으로 졸업하고 전국 영어 대회에서 3위를 차지했다. 대학교 4학년 때 자퇴 후 영어 선생님이 됐다. 그후로는 책도 쓰고 영화도 만들었다……. 이 외에도 더 있긴 한데, 이런일들이 성취감을 가져다주기도 하지만 동시에 피로를 안겨주기도 한다. 피로가 쌓이다 보니 더 큰 문제가 생기기도 한다.

스스로 균형을 잡을 수 없는 문제들이 많은데, 이게 장기간 지속되면 결국 설명하기 힘들고 해결하기 어려운 문제를 만들어낼 때가 많다.

내가 멘토로 삼고 있는 한 선배와 술을 마시다가 이런 이야기를 나눈적이 있다. 그는 온종일 다른 사람을 격려하는 사람이 우울증 진단을받으면 오히려 더 많은 격려가 필요하다고 했다. 그가 조심스럽게 입을열었다.

"그건 네가 모든 일에 너 자신에게만 너무 엄격했기 때문이야. 너의완벽주의 성향이 언젠가 널 숨 막히게 할 수도 있어."

나는 애써 웃어 보였다. 사실 웃긴 했지만 아직도 해결책을 찾지 못했다. 지금도 나는 내가 어떤 멘토인지 감히 말할 수 없다. 모든 강의와행사마다 나를 청년들의 멘토라고 소개하는데, 사실 너무 부담스러워서 그 말을 빼달라고 요청하곤 한다.

아직은 멘토라는 말이 나오는 거리가 멀다고 느껴진다. 성장 과정에 있는 사람들은 누구나 어린아이이기 때문에 돌을 이리저리 두드려보면서 강을 건너야 한다. 다만 간혹 돌을 많이 두드려본 사람은 어디에 돌이 많은지, 어떤 돌이 미끄러운지 더 잘 알고 있는 것뿐이다. 이때 그 사람이 어느 쪽으로 가는 게 좋은지 큰 소리로 외친다는 것은 그가 많은 돌을 보고 많이 걸어봤다는 의미일 뿐, 누군가의 멘토라는 의미는 아니다.

그동안 나는 내가 유명해지는 것이 두려웠고, 소위 성공한 사람 축에 끼는 것은 더 두려웠다.

사이버 폭력 같은 건 두려운 대상도 아니었다. 내가 진정 두려웠던 것은 소위 성공 가도를 걷고 잘나간다는 사람의 고통은 점점 대수롭지 않게 여겨지고 그의 외로움은 더 이상 누구의 공감도 살 수 없을뿐더러, 그의 앞날을 인도해줄 사람이 아무도 없어진다는 사실이었다. 이런 상황이 계속되면 항상 깊은 무력감과 외로움에 빠지게 된다.

젊은 시절에 나와 함께해준 사람들과 나를 이끌어준 책들에 얼마나 고마운지 모른다.

눈앞이 깜깜했을 때 책을 읽다가 그 책의 저자를 알게 됐는데, 나를 아주 먼 곳까지 이끌어줬다. 또 일하면서 많은 친구를 알게 됐는데, 그들은 기가 막힌 아이디어로 앞으로 내가 어떻게 가야 할지를 알려주었다. 그때 나는 그들을 따라가면서 많은 시행착오를 줄일 수 있었고, 그들의 조언 덕분에 어려워 보이는 문제도 쉽게 해결해나갔다.

그런데 중년에 접어들고 나니 외롭다는 것이 무슨 의미인지 알겠다. 사실 누구나 혼자 성장하는 법을 배워야 한다는 걸 조금씩 깨닫고 있다. 결국에는 나 혼자서 가는 길이다. 누군가 함께 하더라도 그건 아주 잠시뿐이다.

책에도 이정표와 길이 없다면 우리는 어떻게 해야 할까?

영화 〈배드 지니어스Bad Genius〉의 리뷰에서 '인생에는 객관식 문제가 없는데 어떻게 커닝하죠?'라고 말한 적이 있다. 인생이 다 그렇다. 우리가 책 말고 어디에서 답을 구할 수 있겠는가? 이 점은 지금까지 나도 몰랐지만, 철학과 종교가 우리가 가야 할 방향을 안내해준다고 생각한다.

건강을 회복하고 난 후 인생이 정말 오묘하다는 것을 점점 깨닫고 있지만 아직도 갈 길이 멀다. 무식하게 일만 하면 잠깐은 삶의 균형을 찾는 데 무리가 없지만 오랫동안 지속되면 그때는 말이 달라진다. 결코 자신을 완전하게 할 수 없다.

그래서 나는 꾸준히 인생의 참 의미를 찾고 있다. 계속 노력하다 보면 언젠가 가까워질 날이 있지 않을까.

어느 날 밤 친한 친구와 술잔을 기울이다가 우울증 진단을 받았던 일련의 과정을 나눴다. 그동안 당겨쓴 체력에 대한 값을 어떻게든 갚아야 한다는 등 이런저런 얘기를 하다 보니 오히려 마음이 편해졌다. 친구가 나에게 후회하는지 물었다.

"뭘 후회해야 하는데?"

"자신을 너무 못살게 군 거? 너무 악착같이 살아온 걸 후회하냐고."

만약 나에게 또 한 번의 젊음이 주어진다면 이전과 똑같이 살 것 같았다. 그리고 가끔은 너무 애쓰지 말라고 나 자신에게 말해줄 수는 있겠다 싶었다.

그러나 인생은 결코 되돌릴 수 없다. 우리에게도 선견지명 같은 건 없기에 그저 얻는 게 있다면 잃을 수도 있다는 것만 알 뿐이다. 인생은 선택과 균형에 불과하다. A를 선택하면 B를 잃고, 균형은 얼마든지 변할 수 있으니 걸으면서 균형점을 찾아야 한다. 아쉽지만 그전에는 무엇을 선택해야 할지, 어떻게 균형을 잡아야 하는지 아무도 모르기 때문에 일단 한 번 걸어봐야 한다.

이것이 바로 인생이 이처럼 아름다운 이유다.

요즘 나는 반드시 해야 하는 업무를 끝내고, 하루도 빠짐없이 운동한다. 컨디션만 괜찮으면 밖에 나가서 몇 바퀴 달리기도 한다. 아무리 바빠도 매주 가족끼리 간단한 식사라도 함께한다. 또 아무리 외부 일정이 많아도 매월 며칠은 친구들과 만나서 시간을 보낸다. 모든 사람의 삶과 마찬가지로 내 삶에도 여전히 문제가 있을 수 있다는 걸 알고 있다.

하지만 원래 인생이 그렇다. 우리가 인생을 알려고 애써 고민하지만 전부를 이해할 수 없다. 이해가 안 되더라도 두려워하지 마라. 그래도 조금씩 가까워질 거라고 믿어 의심치 않는다.

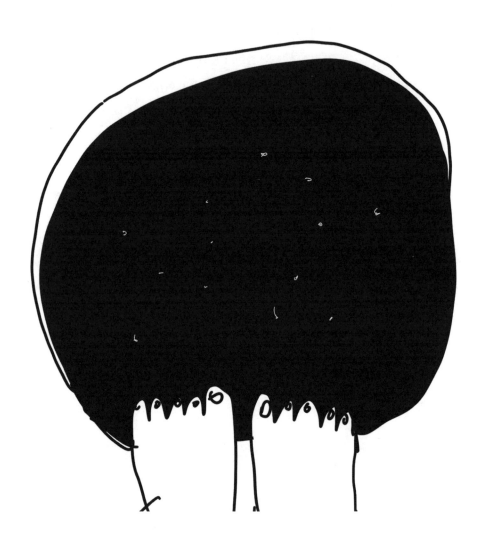

4장

인생은
무작정 끌려가는 게
아니다

당신이 강해져야 당신을 이해하는 사람들이 많아진다.

더 나은 출발을 위한
멈춤

아무리 작가여도 이야기할 소재들이 쉽게 소진되기 때문에 그럴 때마다 아무도 찾을 수 없도록 침묵 속으로 몸을 숨긴다. 나는 대중의 시선에서 사라지는 이 시간, 침묵의 순간을 아주 좋아하는데, 생각하기에 딱 좋은 시기이기 때문이다.

나에게도 SNS 공식 계정이 있다. 지금은 알림 기능도 껐고 1일 1포스팅도 포기했다. 나는 주로 열흘에 한 번 글을 올리는데 사람들이 아무리 독촉해도 더 이상 빨리할 방법이 없다. 내게 공식 계정이 있다는 사실을 아직 잊지 않았고 나름 쉬지 않고 열심히 글을 쓰고 있는 건 사실이다. 다만 무슨 말을 해야 할지 잘 모를 뿐이다. 주변에서 최근 이슈를 건드려야 이목을 끌 수 있으니 그에 대해 써보는 건 어떨지 슬쩍 권하기도 했다. 하지만 지금껏 글을 쓰면서 내가 그걸 몰랐겠는가. 다만 이

청춘, 인생을 생각하는 시간

슈라고 하는 건 언젠가 연기처럼 사라져버린다는 걸 누구보다 잘 알고 있기 때문에 그렇게 하지 않는 것뿐이다. 나무든 글이든 땅에 뿌리를 내리고 있어야 잘 자라기 마련이다. 굳이 단점을 짚자면 이런 나무나 글들은 이슈를 쫓기보다 내실을 다지며 침묵한다는 것이다. 레바논의 작가 칼릴 지브란Kahlil Gibran은 "우리 안에 있는 본질적인 것들은 침묵합니다. 반면에 비본질적인 요소들은 시끄럽게 떠들어 댑니다"라고 했다.

글을 쓰는 일은 이미 내 삶의 일부가 되었다. 내가 이토록 글쓰기를 좋아하는 이유는 문자로만 표현할 수 있는 말들이 많기 때문이다. 먼 옛날에는 편지를 쓸 때도 말을 아꼈는데, 그때는 죽간(竹簡, 종이가 발명되기 전에 글자를 적는 데 사용했던 대나무 조각-옮긴이) 하나도 구하기 어려워서 한 글자 한 글자 심사숙고해서 써야 했기 때문에 편지가 더없이 반갑고 귀했다. 그런데 지금은 아무렇게나 써도 누구든 책임질 필요가 없으니 인터넷에 오타가 난무하는 글일지라도 자유롭게 게시할 수 있다. 나도 간격을 오래 두고 게시물을 올리고 싶진 않지만, 글을 쓰고 나서 바로 게시하기에는 아직 성숙하지 못하다고 느끼기 때문에 두고두고 다시 살펴보는 편이다. 이 글이 먼저 뿌리를 내려 싹을 틔우고, 쑥쑥 자라서 열매를 맺으면 여러분과 함께 나눌 수 있기를 바란다.

나는 항상 시간을 정해서 시끄러운 도시를 떠나 아무도 모르는 곳에 가서 자리를 잡는다. 요즘 유행하는 '한 달 살기'와 비슷하다. 아침에 일찍 일어나 커피를 마시고 여유를 즐기다가 오후가 되면 가볍게 달리기를 한다. 남는 시간에는 책을 읽거나 글을 쓴다. 주변 사람들이 내가 부지런하다고 생각하지만 사실 전혀 그렇지 않다. 다른 사람에 비해 더 쉽게 지루함을 느끼는 것뿐이다. 심심해서 누군가와 말을 하고 싶은데, 누구와 해야 할지 몰라서 대신 노트북을 켜고 혼잣말을 하는 것이다. 떠나기 전에 가족들에게 전화해서 한동안 도시를 떠나 있을 거라고 말했다. 처음부터 그랬듯이 지금도 여전히 내가 사는 방식을 이해해준다. 요즘 들어 작가가 되고 싶다고 말하는 친구들이 많아졌다. 그런 친구를 만나면 내가 꼭 물어보는 말이 있다.

"외로움을 견딜 준비가 됐나요?"

외로움을 이기지 못하면 번영을 누릴 수 없다. 사실 외로움을 견디는 많은 사람은 세상의 풍요로움을 누리는 데 어려움을 겪는다. 많은 작가의 마음속에는 이미 자기만의 번영이 자리하고 있기 때문이다. 이런 번영은 대부분 침묵에서 비롯된다.

알다시피 나는 술을 즐겨 마시는 편인데, 가끔 혼술도 즐긴다. 동그란 얼음을 넣고 술을 따른 후 얼음이 녹을 때까지 기다리며 밤을 보낸다. 그러다 혼자 있기 싫을 때면 친구를 불러 같이 술잔을 기울인다.

"술을 마시고 생각해낼 것은 아무것도 없다. 그저 떠들어댈 뿐……."

내가 좋아하는 독일의 극작가 프리드리히 실러Friedrich Schiller가 한 말이다. 마음속에 많은 비밀을 오래 두면 쉽게 잊어버리고 괜히 엉뚱한 사람에게 말했다가는 상처만 입기 십상이다. 하지만 친한 친구와 함께 있으면 그런 걱정은 하지 않아도 된다.

얼마 전, 하이난성에서 한동안 만나지 못했던 작가 친구를 만났다. 그는 내 선배인데, 내가 온다는 걸 알고 바로 전화를 주었다. 그날 포장마차에서 술이나 한잔하자고 했다. 선배는 한동안 인기 검색어에 올라서 유명세를 치른 후에 인기가 사그라지면 모습을 감추고 지내서 나도 정말 오랜만에 선배와 갖는 술자리였다.

그와 이런저런 이야기를 나누면서 깊은 감명을 받았다. 그날 우리는 이야기도 많이 나누고 술도 많이 마셨다. 그도 곧 대중들에게 선보일 새로운 작품을 준비 중이었다.

다음 날, 나는 선배가 해준 이야기들을 정리해봤다.

1. 힘든 시기를 보낼수록 묵묵히 공부하며 내실을 다져라

매년 올해는 경기가 안 좋을 거라고 말한다. 사실 경기가 좋을 때는 다들 돈을 버는 데 정신이 팔려서 경기가 과열됐다고 말하는 사람이 아무도 없다. 그러다 경기가 안 좋아지면 하나같이 이 시기는 반드시 지나간다고들 말한다. 추수하는 시즌이 되면 열매는 키가 큰 사람에게 가장 먼저 돌아간다. 묵묵히 자라온 그는 손만 뻗으면 달콤한 열매를 얼마든지 먹을 수 있다.

2. 사실을 구분하기 어려울 때는 말하지 않는 것이 최선의 예의다

함부로 말하는 것은 할 일이 없는 사람들이나 하는 행동이다. 내가 말을 아끼는 것은 할 말이 없어서가 아니다. 또 많은 이슈에 개인적인 의견을 밝히지 않는 까닭도 사실을 구분하기 힘들 때마다 '말하기는 3년 배우고, 침묵은 평생 배운다'라는 말을 떠올리며 스스로 자중하기 때문이다. 우리는 달랑 기사 몇 개 읽은 걸로 그 사건의 전부, 혹은 진실을 안다고 생각해서는 안 된다. 또 다른 사람이 하는 얘기만 듣고 함부로 떠들어대서도 안 된다. 선의로 한 행동이라도 가끔은 보는 사람에 따라 거북할 때가 있기 때문이다. 자기 삶이 엉망진창인 사람은 말도 아무렇게나 하는 경우가 많다.

자기 머릿속으로 억지로 다른 사람의 이야기를 써 내려갈 필요는 없다. 때로는 침묵이 예의고 존중일 때가 있다. 이것은 결국 자신에 대한 예의이자 존중이기도 하다.

3. 침묵의 또 다른 장점은 자신을 보호하는 것이다

일반적으로 인간에게는 3개의 가면이 있다고 하는데, 우리가 하는 말과 행동, 생각이 제각각이어서 그런 말이 생겨난 건지도 모르겠다. 돈을 버는 것은 중요하지 않다고 말하면서 부동산 암거래를 하거나 공부하는 것도 중요하지 않다고 말하면서 자녀들을 몰래 학원에 보낸다. 그러므로 우리는 다른 사람이 어떻게 말하는지를 눈여겨볼 것이 아니라 어떻게 행동하는지를 유심히 살펴봐야 한다. 이 방면의 고수들을 만나보면 다른 사람의 말에 절대 휘둘리지 않는다. 다른 사람이 하는 말은 듣고 거기서 끝이다. 지금 내가 하는 말을 그냥 듣기만 하면 되는 것처럼 말이다. 다른 사람이 어떻게 하는지 그 행동을 관찰해서 그 사람의 생각을 유추해내는 것이 무엇보다 중요하다.

사람과 사람 사이의 가장 큰 차이점은 사고방식이 다르다는 것이다. 끝나지 않을 것 같은 겨울만 보는 사람이 있는가 하면 그 안에서 다가올 봄을 보는 사람이 있다.

고수들은 평소 말이 별로 없는 데다가 종일 인터넷에만 빠져 살지도 않는다. 인터넷에 자신의 의견을 표현하는 것 하나도 자신의 목표를 달성하기 위한 일종의 전략이다. 일반적으로 젊을 때 말을 적게 할수록 고수가 되기 쉽다. 말이 많은 사람은 오래 살아남아봤자 3회(야구는 9회까지 있다)에서 그치고 말 것이다. 그런 점에서 나도 아직 고수는 아니다.

그러나 꼭 고수가 아니어도 상관없으니 자신의 인생을 중고로 전락시키지 않았으면 좋겠다.

4. 모든 순간 우리는 방황한다

10대 때는 대학과 진로 문제로 방황하고, 20대 때는 직장과 배우자 문제로 길을 잃고 떠돌게 된다. 나는 내가 30대가 되면 더 이상 혼란스러워하지 않겠거니 생각했다. 하지만 막상 30이 되어 보니, 30대에 무엇을 이룰 수 있을까?

나이를 불문하고 한밤중이나 새벽에는 자신이 어디로 가야 할지 막막할 수밖에 없다. 하지만 다행히 책을 읽는 것이 우리의 방황과 혼란을 잠식시킬 수 있는 가장 좋은 방법이라는 사실을 깨달았다. 책이 나의 모든 외로운 순간과 방황의 시간에 함께해줘서 얼마나 고마운지 모르겠다.

하루의 고된 일상이 지나고 나면 내 세상에도 어느덧 평온이 찾아온다. 그때 책을 읽고 있으면 새삼 나라는 사람의 존재가 느껴진다. 침묵의 시간을 보내는 요즘, 우리가 방황하는 이유는 길을 알려주는 사람도, 하소연할 친구도 없이 홀로 외로움에 빠져 있기 때문이란 걸 안다. 하지만 책 속에서 만나는 많은 고수는 우리와 다른 시간과 공간에 살고 있지만 우리가 길을 잃거나 방황하고 있을 때 언제든지 만날 수 있다. 그들은 항상 우리가 손만 뻗으면 닿을 곳, 그곳에 있다.

5. 독서보다 효과적인 성장 방법은 좋은 사람을 만나는 것이다

내가 말을 안 한 지 오래되긴 했지만 누가 온다고 하면 꼭 만났다. 적어도 내가 속한 범위를 떠난 적은 없다. 대단한 사람을 그냥 만나는 것보다 더 효과적인 성장 방법은 그 사람과 술을 마시거나 커피를 마시는 것이다. 또 이보다 더 효과적인 방법은 그 사람과 친구가 되는 것이다. 물론 최고의 방법은 그 사람이 나를 보고 싶어 하는 것이다. 이것으로 많은 사람이 책을 읽지 않는데도 지식이 풍부하거나, 외모가 출중하지 않은데도 꾸준히 사랑받는 이유를 설명할 수 있다. 우리가 속한 그룹, 모임은 어쩌면 가장 중요하다. 우리는 주변 친구들의 총합이나 마찬가지다. 잘나가는 창업자들만 있는 단체 대화방에서 사업과 관련된 얘기가 오가는데, 명절이라고 혼자 5일 내내 잠만 자고 있을 수 있을까? 또 동네 아주머니끼리만 모인 대화방에서 종일 시시콜콜한 이야기만 주고받고 있는데, 나는 당장 회사를 상장하는 일로 골치 아파하고 있다면? 두 가지 경우 모두 상상하기 어렵다. 나에게 에너지를 줄 수 있는 사람을 사귀고 자신을 더 좋은 사람으로 만들어줄 수 있는 사람을 사귀어라. 계산하기 좋아하고 다른 사람을 공격하고 원망하기 좋아하는 사람과는 거리를 두는 것이 좋다. 만약 주변에 에너지를 줄 수 있는 사람이 없다면 우리가 에너지를 줄 수 있는 사람이 되고, 더 나은 사람이 되도록 노력하면 된다. 이것도 모양은 다르지만 일종의 자기 구원이기 때문이다.

당신의 선의가 눈에 보이지 않는다면 그것은 '0'이나 다름없다. 아무리 이 시대가 거슬리고 불쾌하더라도 선의를 베푼 사람은 잊지 말기 바란다. 길을 가던 노인이 넘어지는 것을 부축해서 일으키는 청년을 보았다면 잊지 말고 그 상황을 찍어두도록 하자. 10번 넘게 친구에게 식사를 대접했는데, 지금까지 단 한 번도 식사 대접을 받지 못했다면 그 관계는 끊어도 좋다. 당신이 미소를 지어 보였는데 다가와서 침을 뱉는다면 잊고 있던 주먹을 꺼내도 좋다. 처음에는 자신을 좋은 사람으로 세팅하고 나쁜 사람을 만나면 전투태세로 전환한다. 그렇게 만나는 사람마다 세팅을 조정하면 된다.

피곤하게 들리겠지만 인생에 쉬운 건 없다.

선배가 나에게 해준 이 말들이 여러분에게도 도움이 되었으면 좋겠다.

당신이 강해져야
당신을 이해하는 사람들이
많아진다

1

오랜만에 부모님을 모시고 유럽으로 휴가를 떠났다. 유럽의 생활 리듬
은 여유롭다 못해 너무 느려서 은행도 오후 3시만 되면 문을 닫았고 부
모님도 간만에 늦잠을 주무셨다. 주변이 조용해지면 나는 교실에 홀로
남겨졌던 그때가 생각난다.

　미래라고는 찾아볼 수 없었던 시절이었지만 다행히도 나는 스스로
에게 미래를 믿으라고 강요하는 것을 잊지 않았다.

　이 이야기를 책에 쓰기도 했고 주변 사람들에게 들려준 적도 있다.
그렇게 이야기를 하다가 어느 순간부터 하지 않았다. 그동안 나에게도
많은 변화가 생겼다. 이전에는 낯선 사람을 만났을 때 괜찮겠다 싶으면
바로 그 시절 얘기를 꺼내곤 했다. 술도 한잔하면서 말하다 눈물이라도

나면 '다 지나간 일인 걸요'라고 마무리를 지었다.

이번에 유럽을 여행하며 몇몇 친구들과 문화 차이에 관해 이야기하는 중에 많은 질문을 받았다. 특히 이 친구들은 베이징 같은 대도시에서 어떻게 그렇게 많은 사람이 아직도 지하에 살고 있는지 이해하지 못했다. 무의식중에 이런 말이 나와버렸다.

"그게 뭐가 이상해. 나는 화장실을 개조한 8m²짜리 단칸방에서 산 적도 있는데."

그들이 이유를 물었다. 조금 전까지만 해도 일장 연설을 준비해뒀는데 또 습관적으로 농담처럼 무마했다.

"그냥, 욕실을 개조해서 만든 방에서 살면 재밌을 것 같았어. 밤에 물이 새는지 확인도 해보고 싶고……."

옆에 있던 아버지가 그 말에 이어받을 거라고는 생각도 못 했다.

"그때 정말 고생 많이 했지."

평소 술은 입에도 안 대시던 아버지가 그날 갑자기 테킬라를 주문하셨다. 아버지의 그 말 한마디로 나는 처음으로 내 이야기를 온전히 끝낼 수 있었다.

그리스 친구는 감정이 북받치는 것 같더니, 바로 이야기 주제를 바꿨다. 덕분에 웃고 떠들면서 그날 밤을 보냈다.

다시 그 시절을 떠올리면 다른 세상에 와 있는 것처럼 여전히 기억이 생생하다. 아버지도 아무 말씀 없이 그냥 하이파이브를 하시고는 방으로 들어가셨다. 잠들기 전 조용히 말씀하셨다.

"너는 아빠의 자랑이야."

순식간에 눈물이 흘러내렸다. 아버지가 잠든 후 호텔 밖으로 나와 길가에 앉아 오가는 차들을 보고 있으니 그동안 잊고 지냈던 많은 이야기가 떠올랐다. 내가 지금까지 잊지 못한 그 이야기들은 아직 아무에게도 말한 적이 없다.

2

나는 일본 작가 이시구로 가즈오의 소설을 매우 좋아한다. 그가 쓴 이야기가 재미있어서가 아니라, 책을 읽는 내내 끊임없이 질문을 던지기 때문이다.

'기억을 신뢰할 수 있을까?'

많은 사람의 고통스러운 기억은 항상 생존을 위해 축소되거나 잊혀왔다. 아름다운 기억 역시 호르몬 자극으로 산산이 분열된다. 일단 서술하고 나면 가공의 색채를 덧입게 된다는 것은 다 알고 있지만 그래도 좋은 기억은 더 쉽게 받아들여진다.

그래서 나는 오랫동안 주변 친구들에게 항상 이렇게 조언했다.

"아무도 네 비극적인 이야기를 듣고 싶어 하지 않아. 진심으로 공감하는 사람도 거의 없을 거야."

비극적인 이야기를 듣고 당신을 위해 잠시 탄식했더라도 바로 자신의 인생으로 돌아가 평소대로 자기 삶을 살아갈 것이다. 자신의 아픔과 슬픔에 대한 너무 생생한 이야기를 자주 반복하면 어느 순간 상처나 억울함만 호소하는 사람이 되고 만다. 그러면 결국 이야기가 가진 가치도 사라진다.

당신을 아는 사람이라면 당신이 무슨 이야기를 하는지 알고 공감할 수 있으니 더 이상 말할 필요가 없다. 하지만 당신이나 당신의 아픔을 모르는 사람은 그저 식탁에서 이야깃거리로 삼을 게 뻔하다. 그런데 굳이 할 필요가 있을까?

인간의 본성이 악해서 그런 것은 아니다. 사실 다른 사람이 이런 무거운 주제로 말하면 어떻게 받아들여야 하는지, 어떤 말로 반응해줘야 할지 몰라서 그러는 경우가 많다.

내 책을 읽은 몇몇 독자들은 무대 뒤에서 나와 오랫동안 이야기를 나누며 자신의 이야기를 들려줬다. 가정 파탄이나 이혼과 재산 분할 이야기도 있었고, 질병과 죽음, 인생의 절망 이야기도 있었다. 처음에는 모든 이야기에 일일이 답장을 했다가 나중에는 하지 않았다. 내가 그들보다 잘나서가 아니라, 반대로 너무 공감이 잘 돼서 이런 이야기에 뭐라고 답장을 해야 할지 몰라서였다.

이제는 자신의 인생에서 어느 정도 성취를 이룬 독자들의 이야기에 답장해주고 싶다. 좋은 직장에 취직했거나 막 결혼한 사람들에게는 축하한다는 말 한마디라도 전하고 싶다. 고맙다는 말 한마디로 기쁨을 나눌 수 있고, 고맙다는 말 한마디면 가족 같은 친근함을 나눌 수 있기 때문이다.

그러니 뜻대로 되지 않는 일은 자신을 진정으로 아는 사람을 만나지 않는 한 더는 말하지 않는 것이 좋다. 말을 많이 하면 오히려 이야기의 진정성과 그 안에 담겨있는 온기를 잃어버리니까.

이야기와 불평의 경계를 구별하기란 쉽지 않다. 이것은 마치 우리가 무거운 경험을 다른 사람에게 공유했을 때 상대가 공감할지 그냥 웃어넘길지 예측할 수 없는 것과 같다. 그러나 언젠가는 후자가 더 많다는 사실을 천천히 깨닫는다.

성장은 외로움을 의미한다. 성장은 이 세상에 나를 이해해주는 사람이 점점 줄어든다는 사실을 인정하는 것임을 점차 깨닫게 될 것이다. 우리는 그런 이야기를 가슴에 묻고 물과 영양을 공급하는 법을 배워서 언젠가 이런 이야기들이 내면에 뿌리내리고 싹이 트도록 해야 한다.

때가 되면 우리는 세상의 99% 사람들이 나를 모른다는 것을 알게 될 것이다. 내가 괴로웠던 그 시절, 많은 사람에게 편지를 썼는데 뜻밖에도 선생님께서 답장을 해주셨다. 아래 내용이 선생님께서 보냈던 편지다.

성장한다는 것은 자신을 아는 사람이 점점 줄어든다는 뜻이지만 동시에 자기 자신을 더 이해하고 자신과 잘 지내는 방법을 알게 된다는 의미도 하다.

어떤 사람을 알고 나면 계속 그 자리에 있으니 계속 말할 필요가 없다.

나를 모르는 사람에게 말을 많이 하면 오히려 반감이 생기고, 아는 사람에게는 굳이 말하지 않아도 다 알고 있다.

이 외에도 한 가지 이론을 더 공유해주셨는데, 괜찮다면 함께 나누고자
한다.

'당신이 강해져야 당신을 이해하는 사람들이 많아진다.'

4

인간은 성장할수록 가족 외에 아무도 나를 이해해주지 않는다는 사실
을 깨닫는다. 언젠가 우리도 말 한마디 제대로 이해해주는 사람이 없다
는 사실을 깨닫게 될 것이다. '날 알아주는 사람 한 명만 있으면 된다'고
기대하는 이유는 그런 사람을 찾기가 너무 어렵기 때문이다. 이미 그런
사람이 있다면 정말 축하할 일이다. 만약 없다면 자기 스스로를 사랑해
주면 된다.

인생은 원래 연약하니,
일부러 강한 척할 필요가 없다

1

판판의 승진은 내가 올해 들었던 가장 좋은 소식이었다.

함께 있던 사람들 모두 판판을 축하해줬다. 이번 승진을 통해 앞으로 더 많은 돈을 벌 수 있게 됐고, 더 자유로운 생활을 영위할 수 있게 되었기 때문이다. 마침 다들 우리 집에 모여서 식사를 하던 중이어서 기쁜 날을 축하하고자 집에 있던 와인을 꺼내고 곁들여 먹을 안주를 만들었다. 판판은 배불러서 더는 못 먹을 것 같다고 나를 말렸지만, 그렇게라도 축하해주고 싶었다.

"이걸 왜 못 먹어? 아직 내 전투력을 잘 몰라서 그래."

나는 주방으로 들어가 소고기 한 팩을 뜯어서 냄비에 넣었다. 고기 삶는 냄새가 거실까지 풍겨 나오자 모두 기대감에 환호했다.

청춘, 인생을 생각하는 시간

"우와, 맛있는 냄새!"

"너무 맛있겠다."

목이 터져라 외친 건지 판판의 목소리가 제일 크게 들렸다.

"자, 5분이면 요리가 완성됩니다!"

지난번 판판이 이렇게 소리친 적이 있는 것 같은데, 그게 벌써 몇 년 전인지 모르겠다. 판판과는 꽤 오랫동안 알고 지내면서 특별한 일이 없어도 자주 연락을 주고받았다. 그런데 언제부턴가 판판이 자신의 SNS에 이 시대를 비판하는 글이나 일반 사람들을 비꼬는 글을 올리기 시작했는데, 언뜻 보면 부정적인 에너지를 만들어내는 발전소 같기도 했다. 그래서 하루는 퇴근하자마자 무작정 판판이 사는 아파트 단지로 향했다. 정확한 주소를 몰랐기 때문에 한참을 헤맨 끝에 판판네 집 문을 두드렸다. 원래는 방 3개짜리 집인데, 가벽으로 방을 여러 개로 나누어서 사용하고, 화장실과 주방은 모두 공용이었다. 다행히 판판의 방은 남향이어서 채광이 좋은 편이었다. 나를 보고 깜짝 놀란 판판이 소리쳤다.

"여기 웬일이야?"

나는 봉지 하나를 내밀었다.

"이거 주려고 왔지. 자, 보급품이야! 집에서 전사하면 안 되잖아."

"나 저녁 먹었어, 절대 죽을 리 없다고!"

테이블 위에 뭐가 있나 슬쩍 봤더니 전부 인스턴트 식품뿐이었다.

"잘 챙겨 먹어야지, 저게 뭐야?"

이에 판판이 땅이 꺼져라 한숨을 내쉬었다.

"살기도 힘든데, 그냥 있으면 있는 대로 먹는 거지."

나는 판판의 방으로 들어가 테이블 위에 있는 인스턴트 식품을 모조리 봉지에 담았다.

"잠깐만 기다려봐, 제대로 먹는 게 뭔지 보여줄 테니."

그리고 공용 주방으로 들어가 냄비를 깨끗하게 씻은 후 소고기 한 팩을 그대로 넣고 고기가 잠길 만큼 물을 부었다. 고기 색이 살짝 변했을 때 다른 재료들을 한꺼번에 넣었다.

맛있는 냄새가 온 집 안에 퍼지자 그 집에 사는 다른 사람들도 무슨 냄새인지 궁금했는지 모두 방문을 열고 쳐다봤다. 주방으로 달려온 판판도 음식을 보고는 참지 못하고 소리를 질렀다.

"와, 이거 5분 안으로 먹을 수 있지?"

그날 우리는 맥주 한 상자를 사서 거의 다 마셨다. 술을 마시면서 일하면서 겪을 수밖에 없는 부당함이나 판판이 좋다고 따라다니는 남자 등 이런저런 이야기를 나누었다. 한참을 이야기하다가 끝내 그녀는 울음을 터트렸다.

차마 우는 이유를 묻지 못했다. 베이징에서 지내는 몇 년 동안 나의 가장 중요한 의사소통 방식은 상대방이 먼저 말하기 원치 않는 일에 대해서는 절대 먼저 물어보지 않는 것이다. 특히 그 사람이 울 때는 그냥 가만히 듣기만 한다. 내가 물어봐서 상대방이 얘기해준다고 해도 나는 아무것도 할 수 없을 게 뻔하고, 또 상대방이 아무 말도 하지 않으면 괜히 분위기만 어색해질 수도 있기 때문이다.

우는 이유를 말하는 경우 거의 비슷비슷한데, 회사에서 상사에게 괴롭힘당하거나, 일이 즐겁지 않거나, 기분이 좋지 않거나 외로움을 느끼

청춘, 인생을 생각하는 시간

는 경우가 대부분이다. 대도시에 살면서 겪는 상처나 어려움이 고작 이 정도라니…….

집에 가기 위해 몸을 일으키며 말했다.

"혼자 있어도 잘 챙겨 먹어."

계단을 내려오면서 프랑스 소설가 기 드 모파상Guy de Maupassant이 한 말이 떠올랐다.

'인생은 생각만큼 좋지도, 나쁘지도 않다.'

나는 인간의 연약함과 강인함이 자신의 상상을 초월한다고 생각한다. 때로는 연약해서 말 한마디에도 눈물이 흐르고, 때로는 강인하게 이를 악물고 먼 여정을 떠나기도 한다.

이제 보니 이 말은 판판뿐만 아니라 모든 사람에게 적용되는 것 같다.

2

'혼자 있어도 잘 챙겨 먹어'라는 말은 단지 위로하기 위해서 한 말이 아니다. 내가 처음 베이징에 왔을 때, 아버지께서 자주 하셨던 말이다. 사람은 혼자 외로이 있을 때 뭐든 잘 챙겨 먹는 것이 중요하다. 사실 둘이 지낸다면 그렇게 걱정하지 않아도 된다. 내가 먹고 싶지 않아도 상대방이 먹고 싶으면 자연스럽게 같이 먹게 되고, 혼자 먹는 것보다 둘이 먹는 게 훨씬 맛있다. 그런데 안타깝게도 판판처럼 타지에 나와서 지내는 사람들은 대부분 혼자 있다. 그렇기에 이 말이 갖는 의미가 훨씬 크다.

판판이 아직 학교에 다니고 있었을 때, 그때는 혼자가 아니었다. 둥베이라는 작은 도시에서 자란 판판은 원래는 고향에서 부모님을 모시고 좋은 사람과 결혼해서 자녀를 낳고 사는 게 꿈이었다. 그저 평범하게, 행복하게 살 수 있으면 충분하다고 생각했다.

하지만 후에는 베이징에 가서 새로운 세상과 부딪쳐보기로 했다.

판판의 말에 따르면 대학교 입학하기 2주 전까지만 해도 사관학교의 교관과 가깝게 지냈다고 한다. 교관은 판판을 좋아해서 그녀를 각별히 챙겼고 판판도 굳이 그를 거절할 이유가 없었기 때문에 그렇게 애매한 관계로 2주간 썸을 탔다. 그런데 교관이 부대로 복귀할 때 휴대폰을 압수당하자, 그 뒤로 두 사람은 거의 연락이 끊겼다. 판판은 사람마다 각자의 길이 있다고 생각해서 크게 신경 쓰지 않았다. 어차피 접점이 없으면 사귀는 것도 힘들 테고, 자신이 가야 할 길도 아직 멀기 때문에 다시 만나게 될 사람이라면 어떻게든 다시 만날 거라고 여겼다.

그런데 그 교관이 판판을 다시 만나기 위해 그 정도로 노력할 줄 누가 상상이나 했겠는가! 그는 판판을 만나기 위해 차로 1시간 정도 떨어진 판판네 학교 근처의 부대를 선택했다. 이렇게 그들은 다시 만났다. 하지만 부대 규정상 마음대로 외출할 수 없었기 때문에 그들은 거의 한 달에 한 번만 만났고, 만날 때마다 시간에 쫓기는 기분이었다.

그들은 부대 앞에서 대충 한 끼를 때우거나 부대 식당에서 급하게 고작 몇 숟가락 먹고 헤어지는 경우가 많았다. 미안한 마음에 교관은 자신이 임관만 하면 판판이 원하는 대로 편안하게 밥을 먹자고 했다. 원래 현실이 잔인할수록 우리는 미래를 더욱 의지한다.

하지만 판판은 더 이상 어린 소녀가 아니었다. 그의 말을 믿지 못해서가 아니라, 거리감이 생기기 시작하면서 점점 그에 대해 확신이 서지 않았다. 그리고 그를 볼 때마다 항상 무력감을 느꼈기 때문에 만나러 가는 것도 점점 꺼려졌다.

반대로 판판의 대학생활은 누구보다 다양하고 화려했다. '모든 것을 새롭게 시작할 수 있는데, 굳이 그가 날 보살펴주기를 기다릴 필요가 있을까?', '내가 번 돈으로 내가 먹고 싶은 걸 마음대로 사 먹으면 되잖아!'라는 생각이 머릿속에 파고들었다.

그리고 그때 마침 다른 사람을 만났다.

3

이번에 만난 남자는 아주 달랐다. 그는 앞만 보고 달리는 경주마처럼 물불 가리지 않고 적극적으로 구애했다. 이 사람이 가진 뜨거운 열정은 교관의 차분함을 순식간에 제치며 단숨에 우의를 선점했다.

그는 아무 날도 아닌데 갑자기 꽃다발을 선물하거나, 차를 몰고 와 판판이 사는 기숙사 앞에 깜짝 나타나는 등 로맨틱한 이벤트를 자주 했다. 나중에 보면 별 의미 없는 행동일 수도 있지만 연애 적령기에 들어선 남자라면 꼭 해야 할 필살기였다. 언제부터인지 모르겠지만 판판이 교관과 소원해지면서 그가 판판의 옆자리로 밀고 들어왔다. 얼마 후, 두 사람은 집을 따로 얻어서 둘만의 생활을 시작했다. 좋은 일이 있으면 나쁜 일도 있는 법, 두 사람 사이에 갈등이 번지기 시작했다. 판판의 눈에 그는 책임감도 부족하고 자신의 마음을 헤아려주지도 못하고, 다른 사람을 돌보는 것에 미숙한 사람으로 보였다. 무엇보다 그는 자기밖에 몰랐고 여자친구의 감정에 전혀 관심이 없다는 것이 문제였다.

특히 식사할 때 이런 경우가 많았다. 그는 기분이 좋으면 혼자 밥을 시켜 먹었고, 기분이 좋지 않으면 판판에게 언제 밥을 줄 건지 따져 물었다. 가끔 아주 기분이 좋을 때만 판판을 데리고 나가 외식하는 게 다였다.

졸업하기 전 판판이 이별 통보를 하자, 고래고래 소리를 지르며 난리를 치더니 급기야 자살하겠다며 난동을 부렸다. 그러나 그가 이런 소란을 피울수록 판판은 자신의 결정이 옳다는 것을 더욱 확신했다.

그 후 판판은 젊은 시절 내린 가장 옳은 결정인 베이징행을 결심했다. 떠나기 전, 교관에게 연락이 왔다. 그는 임관에 실패했지만 진심으로 판판에게 마음을 전했다.

"나 딱 1년만 기다릴게. 1년 후에도 네가 나와 함께하지 않겠다는 마음에 변함이 없으면 다른 사람을 만날게."

판판은 전화를 끊고 바로 베이징으로 향했다.

반년도 채 되지 않아 친구의 SNS에서 교관의 결혼식 사진을 보았다. 그날 판판은 퇴근 후 혼자 식당에 가서 요리 5개를 주문하고 먹기 전에 사진을 찍어서 SNS에 올렸다.

'저녁, 혼자 플렉스!'

4

베이징에서의 나날은 외로웠지만 나름대로 보람이 있었다. 다양한 사람과 일을 만날 수 있었고 일은 힘들었지만 차라리 바쁜 게 나았다. 그러면서 자연스럽게 일이 판판의 삶의 전부가 되었다. 단 한번도 일이 고되고 힘들다고 불평한 적이 없었다. 밤 10시 전에 집에 들어간 적이 거의 없었다. 대부분 회사에서 야근하거나 밖에서 야근하며 보냈다.

판판과 오랫동안 알고 지내면서 모임을 자주 가졌는데, 야근하느라 항상 판판이 제일 늦게 도착했다. 리동은 판판에게서 왠지 모르게 우울하고 무거운 기운이 느껴진다고 자주 말하곤 했는데, 그 이유를 묻자, 판판이 밥을 안 먹을 때는 아예 안 먹고 먹을 때는 엄청나게 폭식하기 때문이라고 했다.

나는 이런 현상이 비단 판판에게만 나타나는 것이 아니라, 일자리를 찾아 고향을 떠나 큰 도시로 와서 일만 하느라 정작 자신을 돌보지 못하는 수많은 사람들의 단상이 아닐까 하는 생각이 들었다. 혼자 사는 사람이 가장 피해야 하는 것은 식사를 제대로 하지 않는 것인데, 이것이 건강을 해치는 첫 번째 단계다. 상태가 좋으면 채식을 하거나 몸 관리 등의 이유로 음식을 먹지 않고, 좋지 않으면 닥치는 대로 마구 먹는다. 대체 잘 먹는다는 기준이 무엇인지 모르는 사람들처럼 전혀 신경 쓰지 않는다. 잘 먹는 것의 기준은 바로 규칙적으로 음식을 섭취하는 것이다.

어느 날 판판이 자기는 평생 결혼을 못 할 것 같다고 하기에 이유를 묻자, 혼자 지내는 생활이 너무 편하고 익숙해서 누군가 옆에 있으면 오히려 방해가 될 것 같다고 답했다. 외로움은 중독성이 있다. 나는 혼자도 좋지만, 그러려면 혼자서도 잘 먹고, 제대로 먹어야 한다고 했다.

판판은 내가 먹는 것에 지나치게 집착한다고 생각했는지 반문했다.

"왜 그래야 하지?"

"나도 몰라, 누구에게나 사는 건 참 힘든 일이야. 특히 여성들에겐 더더욱 그렇지. 그러니 너무 너 자신을 힘들게 하지 마. 다른 사람들이 보더라도 끼니를 잘 챙겨 먹어야 혼자서도 잘 지낸다고 생각하지. 안 그래?"

나는 외로움에 관한 명언을 많이 읽었는데, 그중 한 구절이 기억에 남는다.

'외로움은 이미 죽은 모든 것이 우리 마음속에 남아 있는, 살아 있는 무덤이다.'

5

드디어 음식이 완성됐다. 잘 삶긴 고기를 접시에 담고 그 위에 육수를 뿌리니 제법 그럴싸해 보였다. 친구들은 정신없이 먹기 시작하더니 맛있다며 감탄사를 연발했다. 요리하는 내 모습이 익숙한 판판도 신기한지 다음과 같이 물었다.

"집에서 혼자 이렇게 해 먹어?"

"시간만 나면 하지. 아침에 일어나서 제일 먼저 뭘 먹을지 고민하거든."

"부럽다. 나에겐 사치야."

"이게 무슨 사치야. 난 그저 혼자 산다고 대충 살지 않으려는 것뿐이야."

미국의 유명 작가 레베카 트라이스터Rebecca Traister의 《싱글 레이디스》라는 책을 보면 남자든 여자든 싱글이 앞으로 다가올 시대의 중요한 트렌드가 될 것이며, 시대가 바뀌었기 때문에 점점 더 많은 사람이 싱글의 삶을 선택할 것이라고 말한다.

그러나 사람들이 어떻게 살기로 하든 행복은 결코 변하지 않는 주제다. 행복의 가장 기본이 되는 것은 혼자서도 잘 챙겨 먹는 것이다.

그날 우리는 많은 이야기를 나누었기 때문에 판판이 잘 이해했으리라 생각했다. 그리고 며칠 후 판판이 사진 한 장을 보냈다. 한 상 가득 잘 차려진 밥상 사진이었다. 나는 친구들과 모임 중이냐고 물었다. 그러자 판판은 혼자 있다며, 혼자서도 잘 챙겨 먹고 있으니 걱정하지 말라고 나를 안심시켰다.

시간이 친구였던 적은 없다

1

새로운 책을 쓸 때마다 느끼는 건데, 책을 쓰다 보면 항상 작가로서 처음 글을 쓸 때로 다시 돌아가는 듯한 기분이 든다. 스물두 살 되던 해, 그동안 썼던 일기를 인터넷에 올리기로 했다. 그때는 주로 블로그를 사용하던 시대였다. 나는 내 일기가 책으로 나올 수 있길 바라며 10만 자가 넘는 원고를 들고 여러 출판사를 찾아다녔다. 이 책이 나오기까지 수없이 많은 제목 후보가 있었다. 마침내 내 책을 출판해줄 출판사를 만나면서 이 책은 최종적으로 《당신은 겉보기에 노력하고 있을 뿐》이라는 제목을 갖게 됐다. 그 당시 내 나이는 스물다섯 살이었다. 그때부터 나의 글쓰기 여정이 시작됐다.

작년에 한 신예 작가가 너무 감격스러운 나머지 눈물범벅이 된 모습을 봤다. 그는 이미 많은 독자와 팬을 거느린 실력 있는 작가였다. 나는 그의 어깨를 두드리며 내가 책이 처음 나왔을 때 느꼈던 감격을 나눴다. 당시 나도 독자들을 보고 바보처럼 엉엉 울었던 기억이 떠올랐다. 그때는 내 인생의 처음이자 마지막 책이 될 거라고 생각했는데, 그다음 책이 나왔을 때는 차기 작품을 고민하느라 더 이상 그런 생각은 하지 않았다. 그런데 호텔로 돌아와 컴퓨터를 켜고 술을 한잔하는데, 갑자기 나도 모르게 눈물이 쏟아졌다.

'정말 그럴 수 있을까? 정말 내가 글을 계속 쓸 수 있을까?'

나도 모르게 계속 마음으로 이런 생각들을 하고 있었다. 생각이 꼬리에 꼬리를 물자, 또 괴로워지기 시작했다.

동네에서 달리기를 자주 하곤 했는데, 집 앞에 작은 운동장이 있어서 오후에 한 시간 정도 뛰기 참 좋다. 내가 달릴 때마다 항상 같이 뛰러 나온, 언뜻 봐도 나보다 연상으로 보이는, 여성 두 명이 내 앞이나 뒤에서 나란히 달리곤 했다. 그들과 이야기를 나눠 본 적은 없지만 밖에서 만나면 서로 눈인사 정도는 주고받았다. 그런데 어느 날부터인가 그들이 보이지 않다가 또 얼마가 지나고 나니 한 명만 나와서 달리고 있었다. 알고 보니 며칠 전 다른 한 분이 세상을 떠났다고 한다.

이것이 시간이다. 결국 우리를 데려가서 서로 떨어트려 놓을 것이다. 그동안 잠잠하시던 어머니께서 용하다는 절로 달려가서 내가 하루빨리 안정된 가정을 이루고 가능하면 아이도 낳게 해달라고 빌었다.

"어머니, 저도 이제 성인이에요. 제가 뭘 할지 정도는 알아요."

"나도 네 생활이 있다는 건 알고 있어. 하지만 네가 아무리 다 큰 성인이라고 해도 넌 내 아들이야."

그 순간 갑자기 감동이 확 밀려왔다. 어린 시절을 떠올려보니, 그때 나는 식탁보다 키가 작았고 엄마 무릎에 누워 엄마가 해주는 이야기 듣는 것을 좋아하던 정말 말 그대로 어린애였다. 그런데 어느덧 시간이 나를 어른으로 변화시켰다.

나이가 들수록 많은 일에 허무함을 느낀다. 치열한 한 해를 보낸 사람일수록 연말이 되면 집에 돌아가기 싫어한다. 가족의 부드러운 환대에 어떤 표정을 지어야 할지, 일과 가정, 미래에 대해 어떻게 이야기해야 할지 모르기 때문이다. 나는 시간이 지금까지 우리가 흘렸던 눈물처럼 나에게 무슨 일이 일어나고 있는지, 무엇과 이별하고 있는지 항상 말해주고 있다는 것을 안다.

지난달부터 컴퓨터 앞에 앉을 때마다 꼬리뼈와 허리에 묵직한 통증이 느껴져 병원에 갔다. 의사는 내가 너무 오랫동안 앉아 있어서 그렇다며 앞으로 앉아 있는 시간을 줄이라고 했다. 일이 없을 때는 나가서 40분씩 달리기를 한다고 하자 의사는 뭔가 알아차린 듯 고개를 끄덕였다.

"달리기도 너무 격하게 하면 안 좋아요. 운동량도 줄이고 오래 앉아 있는 시간도 줄이는 게 좋아요."

이제 오전에도 앉아 있을 수 없고, 오후에도 더 이상 달리기를 할 수 없게 되면서 뜻하지 않게 내 인생 계획에도 차질이 생겼다.

아직 쓸 작품이 남아 있는데, 어떻게 하면 좋을까?

그래서 서서 일할 수 있는 책상을 샀는데, 사기 전에는 사용하기 쉬울 것 같았는데 막상 써보니 서 있는 것도 만만치 않았다. 앉아 있는 것

청춘, 인생을 생각하는 시간

보다 훨씬 힘들었다. 이때가 살면서 처음으로 건강을 걱정하고 체력을 의심하기 시작한 때였다.

'어느 날 갑자기 글을 못 쓰게 되면 어떡하지, 아직 쓰고 싶은 주제가 이렇게 많이 남아 있는데……'

작가의 근심이 많아질수록 그의 작품이 많이 탄생한다는 말이 있다. 나도 최근에야 걱정하는 사람이 많을수록 글을 쓰는 손이 멈추지 않는다는 것을 깨달았다. 하지만 언젠가 나에게도 내 몸조차 가눌 수 없는 시점이 올 테고, 사랑했던 사람이 떠나가는 순간이 오는 것처럼 글을 쓸 수 없을 거라는 건 부인할 수 없다.

그 순간이 오면 당신은 어떻게 할 것인가?

2

설 연휴가 되면 많은 사람이 연말 강연 토크쇼를 공유하면서 한 해를 함께 마무리하려고 한다. 그러면서 함께 한 시간이 우리의 좋은 친구라고 느끼는 것이다. 그러나 잘 생각해보자. 시간이 언제부터 우리의 친구였나? 시간은 항상 우리의 적이었다.

시간은 우리를 갈라놓고 죽음에 이르게 하며 서로 잃어버리게 한다. 이런 시간과 어떻게 친구가 될 수 있을까?

우리가 시간이 적이라는 사실을 이해하고, 시간이 매정할 때와 잔인할 때, 스스로 움직이는 때를 알면 열심히 노력해서 자신을 변화시킬 수 있고, 시간과 경쟁하고 조화를 이루며 공존할 수 있다. 시간은 결코 우리의 친구가 아니다. 노화와 죽음의 관점에서 보면 시간은 참으로 물리치기 힘든 적이다. 단 한 번도 관용을 베푼 적이 없다. 모든 사람이 죽는 순간에 시간 앞에 굴복하고 만다.

마치 내가 글을 쓸 때 아무리 노력해도 시간을 붙잡을 수 없는 것과 마찬가지다.

사람들은 내가 쓴 이야기들을 문자 그대로 본다. 단순하고 평범한 표현들은 나의 지난 청춘일 뿐, 지금의 나에게는 이미 없어진 지 오래된 일들이다. 이런 생각을 하니, 오히려 마음이 놓여서 현재를 살아갈 수 있게 됐다. 우리는 누구도 시간을 붙잡을 수 없다. 문자는 일부 단편을 남길 수 있지만 영원을 남길 수는 없다.

우리가 결코 흔들리지 않을 거라고 생각했던 것들이 결국 언젠간 모두 사라지고 말 것이다. 평생 함께하겠다고 맹세했던 사람이 순식간에 낯선 사람이 되어버리고, 영원하다고 생각한 것들이 시간 앞에 맥없이 사라지는 것과 같다.

어느 옛 시인의 시구가 문득 떠올랐다.

'세월은 사람을 버려놓고 그렇게 덧없이 흘러간다.'

3

최근 어머니께서 가족끼리 있는 대화방에 나와 누나의 어린 시절 사진을 올려주셨는데, 그중 몇 장을 내 SNS에 올렸다. 그 사진들을 친구들에게 보여주자, 누나가 나보다 낫다고 하는 친구들이 꽤 많았다.

그리고 조금 당황한 듯 질문하는 친구도 있었다.

"이거 너야? 지금이랑 완전히 다른데."

벌써 20년이 흘렀는데 지금이랑 같으면 더 이상한 것 아닐까? 닮았을 리가 없지 않나. 우리의 모습은 매일 조금씩 다르다.

그런데 여기서 20년이 더 지나 쉰 살의 내가 지금의 나를 보면 뭐라고 말할까? '이게 누구야? 진짜 안 닮았네'라고 말할 게 뻔하다. 어쨌든 우리는 언젠가 쉰 살이 될 테니, 그때 '안 닮았다'는 말 말고 지금의 나에게 무슨 말을 해줄 수 있을까?

나는 나이가 들고 죽는 것은 별로 두렵지 않다. 누구에게나 그날은 반드시 온다는 것을 알기에 최선을 다해 내가 기록할 수 있는 모든 것을 적고 있다. 하지만 어느 날 세상을 볼 수 없고, 들을 수 없고, 이해할 수 없게 되어 모든 것이 허무하고 슬프게 느껴질까 봐 그게 두렵다. 나는 항상 오늘이 마지막 날인 것처럼 새로운 작품을 쓸 때마다 마지막 작품이라고 생각한다. 설령 다 쓰지 못한다고 해도 후회하진 않는다. 그래도 그 순간만큼은 열정적으로 하루하루를 보내며 살지 않았는가.

어떤 사람들은 태초에 하나님이 인간을 만들 때 각 사람의 운명은 이미 정해졌고, 우리가 어떤 카드를 가졌는지조차 준비가 끝났기 때문에 그렇게 노력할 필요가 없다고 말한다. 이 세상에 정말 하나님이 존재하는지 모르겠지만, 만약 있다면 나도 그 앞에 무릎 꿇고 나에게 준 카드가 무엇인지 보여달라고 할 것이다.

그러면 시간은 우리에게 무엇을 줄까? 시간은 우리에게 나이를 먹게 해서 스스로 그 답을 찾을 수 있도록 해준다.

하루는 친구에게 왜 그렇게 열심히 운명을 바꾸려고 하는지 물어본 적이 있다.

"시간은 적이지 친구가 아니니까 우리가 뭘 하든 시간은 사라져버릴 거야. 진짜 친구는 시간이 아니라 우리 자신이야."

청춘, 인생을 생각하는 시간

자신의 기준으로
세상을 판단하지 마라

1

5년 전, 나는 앞으로 고양이를 키우지 않기로 결심했다.

내가 고양이를 싫어해서가 아니라, 오히려 너무 좋아하기 때문이다. 나보다 고양이와 더 많은 시간을 보낼 수 있는 사람이 키우는 게 맞다고 생각했다. 내가 처음 길렀던 고양이 폭스는 나와 오랫동안 함께 지냈다. 아침 일찍 나가서 밤늦게 들어오는 바쁜 생활을 했기 때문에 폭스는 거의 집에 혼자 있었다. 그런데도 퇴근해서 돌아오면 나에게 몸을 비비며 야옹거렸다. 나는 나 때문에 폭스가 보살핌을 받지 못하고 혼자 있는 게 마음에 걸렸다. 그래서 친구에게 연락해서 한참 동안 이야기를 나눈 후 폭스를 그 친구의 집에 보내기로 했다.

퇴근 후 집에 돌아오면 외로움이 고스란히 느껴져 처음에는 고양이가 없는 생활에 적응하기 힘들었다. 그러나 시간이 흐르면서 이 또한 익숙해졌다. 특히 회사 근처로 이사를 하고 일이 생활이 됐을 때는 더 더욱 그랬다.

그러나 내가 하려는 말은 이게 아니라 다음에 이어질 이야기다. 회식 날, 한 지인이 술을 몇 잔 하고 나서 우리 집 고양이는 잘 지내는지 물었다. 나는 폭스를 친구네 집으로 보냈다고 했다.

그 뒤로 마치 드라마의 한 장면을 보는 듯한 연출이 시작됐다. 지인은 처음에 의아해하더니 이내 냉정을 되찾고 옆에 있는 친구에게 내가 피도 눈물도 없는 사람이라며 고양이를 어떻게 다른 사람 집에 보낼 수 있냐고 호들갑을 떨었다. 그러더니 갑자기 그들만의 토론이 이어졌는데, 당연히 주제는 내가 사랑하는 마음을 가진 사람인가에 대한 내용이었다. 그들은 반려견이나 반려묘를 키우는 사람은 애정이 있는 사람이고, 나처럼 반려묘를 다른 사람에게 보내는 사람은 애정이 없는 사람이라는 데 의견을 모았다.

옆에 앉아 있던 나는 흡사 다른 사람을 질타하는 것 같은 토론을 가만히 듣고 있었다. 내가 와인 한 병을 다 마실 때까지 그들의 토론은 계속됐다.

그중에서 고양이나 강아지를 길러본 경험이 있는 이들은 반려동물 얘기만 나왔다 하면 뭐가 그리 할 말이 많은지 다른 사람은 알아듣지도 못하는 말들을 쉴 새 없이 주고받았다. 나는 와인을 한 병 더 땄다. 반병을 단숨에 해치우고 나니 갑자기 오만 가지 생각이 들기 시작했다.

저들이 떠드는 사랑이니 애정이니 하는 문제가 아니라 조금 더 심각

청춘, 인생을 생각하는 시간

한 문제였다.

'우리는 대체 언제부터 이렇게 편협해진 걸까?'

2

일전에 미국의 심리학자 마셜 로젠버그Marshall Bertram Rosenberg가 쓴《비폭력대화》라는 책을 읽었는데, 다른 사람을 정의를 내리는 것이야말로 가장 폭력적인 의사소통 방식이라고 했다. 주변을 돌아보면 거의 대부분의 사람들이 이런 식으로 행동하고 있다.

언제부터인지 알 수 없지만, 이 시대를 살고 있는 많은 사람이 자신의 가치관으로 다른 사람을 판단하고 있다는 사실을 알게 됐다.

이것은 마치 나는 고양이를 기르는데 다른 사람이 기르지 않으면 그 사람은 사랑이 없는 사람이라는 논리와 같다. 그런데 자세히 들여다보면 이 논리에는 심각한 오류가 있다. 고양이를 키우지 않는다고 해서 사랑이 없는 것은 아니다. 사랑이 있고 없고의 여부는 고양이나 강아지를 키우느냐, 안 키우느냐로 증명할 수 없다. 사람들은 공익 활동이나 사회적으로 의미 있는 일 등 다양한 방법으로 충분히 사랑을 표현한다. 어려운 사람을 도와주거나 몸이 불편한 사람을 부축해주는 일 또한 사랑의 표현이다.

그런데 왜 이렇게 많은 사람들은 자신의 가치관으로 다른 사람을 판단하려고 할까?

그 첫 번째 이유는 사람들의 소통 방식 때문이다. 다른 사람을 정의

하는 일은 비교적 간단하다. 두 번째 이유는 사람들이 싫어하는 의사소통의 본질이 자기과시라서다.

고양이와 강아지를 위해 인터넷에서 사람을 죽이려는 사람들을 이해할 수 없다. 충분히 비난할 수 있고, 진지하게 토론할 수 있지만 무슨 이유든 사람을 죽이려는 행동은 이해받지 못한다. 당신에게 반려동물을 키울 권리가 있다면, 나에게도 키우지 않을 권리가 있다. 폭력과 강압으로 가득 찬 가치관은 딱 한 가지를 얘기하는데, 그것은 '당신은 반드시 나와 같아야 한다. 그렇지 않으면 당신은 정상적인 사람이 아니다'라는 의미다.

이런 관점은 우리가 사는 이 땅에 널리 퍼져있다.

자신이 긴팔 티를 입었다고 해서 반팔 티를 입은 사람이 틀렸다고 말할 수 없고, 자신이 게임을 좋아하지 않는다고 해서 한창 재미있게 하고 있는 다른 사람의 게임을 스톱할 수 없다. 또 원하면 얼마든지 채식을 고수할 수 있지만 육식을 하는 사람에게 양심이 없다고 비난할 수는 없다.

안타깝게도 지금 시대에는 다른 사람의 가치관에 간섭함으로써 자신의 가치를 부각하는 가치관이 유행하고 있다. 이건 전혀 옳지 않다. 다른 사람의 삶을 잘 이해하지 못하면 입을 다물고 가만히 있으면 된다. 우리도 자신의 인생을 나눌 수 있지만 다른 사람의 선택을 판단해서는 안 된다. 이것은 최소한의 교양이자 존중이다.

청춘, 인생을 생각하는 시간

3

두 번째 병의 와인을 다 마시고 나자, 마침내 존중이 무엇인지 이해가
됐다.

그들은 아직도 고양이와 강아지 이야기를 하고 있었다. 그들의 즐거
움도 존중해줘야 할 것 같았다. 내일 해야 할 일도 있어서 집에 가서 자
야겠다고 생각해서 자리에서 일어나 넌지시 인사를 건넸다.

"이야기 마저 나눠, 나 먼저 갈게."

그들은 대화를 멈추고 일어서 있는 나를 바라보았다. 또다시 나에게
모든 시선이 집중됐다.

"가지 마. 우리 아직 얘기 안 끝났잖아. 너도 한마디 해야지, 고양이
보내고 자주 들여다보고 있어? 폭스가 아직도 너를 알아봐? 폭스가 너
빤히 쳐다보고 있으면 너무 짠하고 눈물 나지 않아? 외로워서 혼자 어
떻게 지내냐……. 맙소사! 너 지금 혼자 와인 두 병 마신 거야?"

"나 진짜 가야 해, 내일 할 일도 있단 말이야."

"뭐야, 너만 두 병이나 마셨지, 우리는 아직 시작도 안 했단 말이야.
조금만 더 있다가 가."

결국 나는 몇 마디 하기로 했다.

"이것 봐, 너희는 항상 이런 식이야. 너희가 좋아하는 가치관으로 다
른 사람을 판단해. 너희가 고양이를 키운다고 해서 반드시 모든 사람
이 고양이를 키워야 한다고 생각하지. 그리고 아직 식사도 끝나지 않았
고 내일 별일 없으면 가볍게 한두 잔 더 해도 된다고 생각하잖아. 그런
데 문제가 뭔지 알아? 사람마다 생각이 다 다르다는 거야. 내일이 주말

이긴 하지만 난 해야 할 일이 있어. 그나마 나는 너희를 존중하기 때문에 옆에 앉아서 너희 얘기를 들으면서 너희 의견에 동의하지 않지만 반박하지 않고 묵묵히 술을 마신 거야. 그리고 너희가 나누는 대화 주제가 여전히 마음에 들지 않았지만 너희의 선택을 굳이 바꾸려고 애쓰지 않았어. 대신 먼저 집으로 가는 것을 선택한 것뿐이야. 나는 바쁜 생활 방식을 선택했지만 내 가치관을 억지로 너희에게 주입하지 않고 주말에도 열심히 일해야 한다고 잔소리하지 않잖아. 존중이란 서로 다른 바탕에서 상대방의 선택을 존중해주는 것이지, 다른 사람의 모든 것을 함부로 평가하는 것은 아니라고 생각해. 우리는 공통점을 찾을 수 있지만 다른 점도 존중해야 하잖아. 존중의 전제는 단 하나, 다른 사람과 내가 다르다는 사실을 인정하는 것 아닌가?"

그렇게 많은 말을 어떻게 한 건지도 모르겠지만 그날 이 말을 마치고 집으로 돌아왔다. 가는 길에 머리가 휙휙 빠르게 돌아가더니 갑자기 허무함이 몰려왔다. 내가 어쩌다가 여기까지 왔지? 다행히도 상대에게는 나를 포용하지 않을 자유가 있고, 나에게도 돌아서서 떠날 자유가 있다.

집에 돌아오는 내내 생각에 잠겼다.

'대체 이 세상은 언제부터 이렇게 편협하고 다른 사람을 포용하지 않았을까?'

아마도 인터넷을 점점 더 많이 자주 사용하게 된 이후가 아닐까 싶다. 최근 몇 년간 인터넷에서 서로 다른 의견을 가진 두 그룹이 싸우는 것을 자주 보았는데 그 원인을 찾아보면 아주 사소한 일로 시작한다. 서로 티격태격하다가 결국 서로를 향한 인신공격과 욕설까지 퍼붓는 단계까지 이르게 된다.

인터넷은 사람을 작은 덩어리로 나눈다. 작은 덩어리마다 자신과 비슷한 사람들이 있다. 그 작은 덩어리들은 칸막이로 막혀 있어서 누구도 상대방의 작은 덩어리 속 세상을 볼 수 없다. 그래서 차이가 생기고 오해와 갈등이 발생한다.

우리가 각각의 작은 덩어리를 다른 색으로 상상한다면 이 지도는 얼마나 화려하고 다채로울까? 그런데 왜 다른 사람을 이해하지 못하면서 굳이 다른 사람의 작은 덩어리를 자기의 색으로 칠하려고 하는 걸까? 단색은 너무 심심하지 않을까?

예전에 한 학생의 부모가 찾아와 고민을 털어놓았다.

"애니메이션, 코믹, 게임 등에 우리 애가 왜 그렇게 많은 시간을 보내는지 모르겠어요."

부모의 답답한 마음이 이해가 안 가는 건 아니었기에 조심스러웠다.

"저도 이해가 안 가요. 하지만 이해하지 못한다면 그들을 존중하는 것 말고는 다른 방법이 없어요."

사랑하는 사람의 세상을 이해하기 위해서는 시간을 들여야 한다. 만약 이해할 시간이 없다면 어떤 비판도, 어떤 간섭도 하지 말고 그저 존중하자. 원하면 광장에서 춤을 추면 되고 게임이든 코믹이든 마음껏 즐겨도 된다. 나는 NBA를 보고 당신은 뉴스를 보면 된다. 서로 간섭하지 않는 것이야말로 최고의 존중이다.

인터넷에 올라온 글을 보고 크게 감동했다. 이런 이야기다.

한 여자아이가 엄마에게 물었다.

"엄마, 날 낳을 때 많이 아팠어요?"

"엄청 아팠지, 아직도 기억이 생생한걸."

"난 나중에 아이 안 낳을 거야."

"그래, 그런 건 네가 커서 스스로 결정하렴. 네가 행복한 일을 선택하면 돼. 엄마는 전혀 간섭하지 않을 거야."

이 엄마는 아이가 커서도 이런 열린 마음을 유지할 수 있을지 모르겠지만, 열린 마음과 관용만이 더 나은 다음 세대를 길러낼 수 있다.

우리는 항상 인터넷이 다음 세대를 망치고, 휴대폰이 다음 세대를 망친다고 걱정하는데, 개인적으로 나는 지금 세대의 잘못된 간섭이 다음 세대를 망친다고 생각한다.

오프라인 수업을 할 때는 항상 학생들의 의견을 표현하도록 독려하는데, 한 학생이 근심 가득한 얼굴로 날 찾아왔다.

"선생님, 저 도저히 발표 못 하겠어요. 하다가 틀리면 어떻게 해요?"

"우선, 여기 있는 많은 질문이 반드시 옳고 그른 것은 아니야, 그리고 수업 시간에 토론을 멈추지 말아야 해. 네 관점이나 의견을 스스럼없이 표현할 줄 알아야 해. 물론 나와도 충돌할 수 있지. 근데 그렇게 해야 서로 가까워질 수 있어."

무서운 것은 살면서 얼마나 많은 사람이 입을 열자마자 다른 사람 때문에 할 말을 하지 못하고, 또 얼마나 많은 사람이 생각하자마자 다른 사람 때문에 그 생각을 조용히 묻고 말았는지다.

무엇이 존중인가. 내가 이해한 존중은 자기 생각으로 다른 사람을 판단하지 않고, 자기 기준으로 세상을 평가하지 않고, 자기 도덕으로 다른 사람을 단정 짓지 않고, 세상의 다양성을 받아들이고 다른 사람에게 배우는 것에 익숙해지는 것이다. 이 세상에 나 말고도 다른 사람들이 많다는 것을 이해해야 한다.

그렇기에 이 세상이 다채롭고 화려하다.

5장

시간은
모든 사람에게
언제나 공평하다

그러니 오늘을 마지막 날인 것처럼 살아라.

오늘이 마지막 날인 것처럼
살자

1

몇 년 전 마지막 날 밤, 나는 가족이나 다름없는 인옌과 스레이펑의 팔
짱을 끼고 어두운 밤길을 걸었다. 가로등 불빛이 우리 셋의 그림자를 길
게 드리웠다. 다 큰 어른들이 키득키득 시시한 농담을 주고받으며 죽어
라 앞만 보며 걸어갔다. 아까 먹은 음식 냄새가 아직도 몸에 배어 있어
서 좀 더 빨리 걸으면 바람에 냄새가 날려가지 않을까 하는 생각이었다.

술기운도 적당히 도는 데다가 옛날이야기에 취해서 걸음도 제대로 걷
지 못했다. 이날은 우리가 창업한 후 n번째로 과음했던 날이었다. n번의
회식으로 우리는 더 *끈끈해*졌다.

회사는 매출 실적이 좋지 않았다. 초기에 투자자들과 약속했던 성장
임무를 완수하지 못했고 심지어 우리조차도 이렇게 큰 회사에서 생각

청춘, 인생을 생각하는 시간

지도 못하게 길을 잃어갔다. 그래도 다행인 건 내가 길을 잃을 때마다 친구들이 함께해줘서 방황이 바로 끝나진 않았지만, 마음만은 언제나 평온했다.

길목에 다다랐을 때, 나는 택시를 불러서 그들을 집까지 태워 보냈다. 아무래도 뒷수습은 어딜 가나 술을 잘 마시는 사람의 몫이 아니겠는가. 나는 친구들을 꼭 껴안았다.

"고마워, 너희가 있어서 회사도, 나도 오늘이 있을 수 있었어!"

그들은 내 진심을 알아들은 건지, 못 알아들은 건지 여전히 장난으로 인사를 건넸다.

"다음에 봐!"

이 모임은 우리 세 사람의 정기 모임으로 최소 한 달에 몇 번은 모이는 것 같다. 우리는 할 말이 있으면 전화보다는 직접 만나서 이야기하는 게 가장 편하다고 생각하는 터라 이 점도 잘 맞았다.

나와 인엔 그리고 스레이펑은 서로 알고 지낸 지 오래됐다. 이전 학원에 있을 때부터 그들은 나를 잘 챙겨줬다. 젊다기보다 어린 나이에 입사한 나에게는 최연소 강사라는 꼬리표가 항상 따라다녔다. 처음 입사했을 때는 많은 선배 강사들이 '어머 웬일이야, 우리가 90년대생이랑 같이 일하다니!' 지금이야 그들이 여러 회사의 중추적인 역할을 하고 있지만 당시에는 햇병아리에 불과했다.

게다가 내가 강의의 '강'자도 모르는 완전 신입이었기 때문에 수업 준비를 어떻게 해야 하는지 하나부터 열까지 가르쳐줬다. 나중에 온라인 강의로 전환할 때도 어떻게 하면 시대에 뒤처지지 않는지 노하우도

전수해줬다. 알다시피 지금까지 너무 극적인 발전을 이루면서 온 터라 너무 혼란스러웠다. 생각지도 못한 일이 순식간에 일어나서 금방 지치고 무기력해지는 시기가 나에게도 찾아왔다. 받아들여야 하는 지식이 많고 만나는 사람이 다양해지자 머릿속도 복잡해졌다. 그들은 이런 상황을 너무나 잘 알고 있었다.

《배움의 발견》의 작가 타라 웨스트오버Tara Westover가 책에서 말한 것처럼 사람은 나중에 받은 교육과 그간의 상식이 모순되면 이내 무너지고 만다. 다행히도 나에겐 내 인생의 등불이 되어준 친구들이 있었다.

지난 몇 년 동안, 우리는 연말에 꼭 만나서 술을 마셨다. 많이 마실 때도 있고 적게 마실 때도 있는데, 처음에는 이야기를 나누는 게 어색하지만 한두 잔 마시고 나면 언제 그랬냐는 듯 이런저런 이야기를 거침없이 털어놓는다.

마치 우리 세 사람의 습관이 되어버린 것처럼 절대 깨지지 않는 반복되는 주기, 끊어진다고 해도 계속되는 영원함, 이런 영원함은 언제나 나를 든든하게 해줬다. 그날도 어김없이 헤어지기 전에 '다음에 만나'라고 인사를 했다.

1년이란 시간은 우리에게 그리 긴 시간이 아니다.

2

그렇게 헤어지고 나서 우리가 다시 만나기까지 그리 오랜 시간이 필요하지 않을 거라고 생각했다. 나뿐만 아니라 다들 같은 생각이었을 것이다.

그런데 다음에 만나기까지 이렇게 오랜 시간이 걸리다니, 대체 누가 생각이나 했겠는가?

모든 사람이 사람을 만나는 일이 쉽지 않게 되었다. 우리도 통 만나지 못해서 자주는 아니더라도 온라인에서 수다를 떨었다. 각자 카메라를 켜놓고 술을 마셨다. 그러다 인터넷 상태가 좋지 않으면 말하는 리듬이 꼬여서 상대방이 무슨 말을 하는지 알아듣지 못할 때도 많았다. 인옌은 집에 혼자 있다 보니 술 마시는 일밖에 할 게 없어서 최근 들어 혼술이 늘었고, 술을 한 상자를 사도 금방 없어진다고 했다. 나는 조금 달랐다.

"난 혼자 있으니까 술 생각이 안 나더라."

스레이펑은 화면 너머로 조용히 술을 마시고 있었다. 그래도 온라인으로나마 대화를 나누긴 했지만 직접 만나던 그 느낌은 아니었다.

그렇게 코로나19는 서로 술잔을 기울이며 즐겁게 대화를 나누던 날들을 오롯이 홀로 술을 마시는 날로 바꿔버렸다. 그날 온라인 만남을 뒤로 우리는 한동안 다시 만나지 못했다. 나는 어느 순간부터 사무실에 나가서 일을 하고 싶었다.

그렇다고 내가 일을 사랑하는 사람은 아니다. 다만 오랫동안 친구들을 만나지 못하고 이전에 당연하게 누렸던 것들을 갑자기 하지 못하게 되니 일종의 금단현상이 온 것이다. 그리고 혹시라도 나중에 다시 못하게 되면 어쩌지 하는 불확실한 미래를 견딜 수 없었을 뿐이다.

그렇게 시간을 또 흘러서 4~6급 시험 성적이 나오는 날이 다가왔다. 원래대로라면 다음 시험에 대한 분석과 단계별 학습 계획에 대한 조언을 듣고 싶어 하는 학생들이 기다리고 있기 때문에 우리 셋이 함께 강의를 해야 했다.

회사 직원들은 우리가 다 재택근무 중이니, 한 사람이 강의를 마치면 다른 사람이 같은 계정으로 접속해서 강의하고, 또 다른 사람이 같은 방식으로 진행을 하면 무사히 강의를 마칠 수 있을 거라고 생각했다.

그런데 우리가 모두 거절했다. 사전에 얘기를 나눈 것도 아닌데 역시 같은 생각을 하고 있었나 보다. 우리는 셋이 모여서 강의를 하기로 했다. 당일에 방역지침을 준수해 모든 준비를 끝내고 나서야 회사에서의 재회가 가능했다. 이야기하는 내내 웃음이 끊이질 않았다. 강의를 마치고 집으로 돌아가기 전 나는 친구들을 불러 세웠다.

"고량주 한 병 있는데, 이거 다 끝나면 같이 마시자!"

그들은 고개를 끄덕였다. 그들의 눈빛이 만감이 교차하는 듯 많은 얘기를 하고 있었다. 어쩌면 희망의 눈빛이었을지도 모른다. 베이징에 살면서 집도, 차도 사지 않았다. 친구들이 차로 집까지 데려다주겠다고 했지만 나는 그냥 택시를 타고 가겠다고 했다. 차오양먼 근처를 걷다가 희미한 노란 가로등을 바라보니 지난 세월이 떠올랐다.

저녁이 돼서야 인옌이 SNS에 올린 글을 봤다. '시간이 이대로 멈췄으면 좋겠다'라는 제목 아래에 우리 셋이 같이 찍은 사진을 올려두었다.

사실 우리가 언제까지 함께할 수 있을지, 앞으로 가는 길은 우리 중 누구와 함께 갈지 아무도 모른다. 다만 시간이 멈추길 바랄 뿐이다. 함께한 나날들에 감사하다. 그 시간은 내 인생에 가장 아름다운 청춘이었다.

4

아무런 대비도 없이 코로나19가 우리 일상에 순식간에 파고들었다. 집에서 역사책을 뒤져보고 나서야 인류와 바이러스는 항상 적이었다는 사실을 알게 됐다. 콜레라에서 페스트까지, 조류 인플루엔자에서 코로나까지만 봐도 앞으로 다가올 미래에 바이러스가 또 어떻게 진화할지 아무도 모를 일이다.

정말 우리 인생과 얼마나 닮았는지, 우리가 생각했던 내일은 다시 돌아오지 않을지도 모른다. 슬프게도 나를 포함한 너무 많은 사람이 모든 것을 원하는 대로 할 수 있고, 모방할 수 있고 심지어 모든 것이 영원하다고 생각한다.

절대 그렇지 않다. 이 모든 것은 우리에게 그냥 주어진 선물일 뿐이다. 이 사실을 조금만 일찍 알았더라면 하루하루를 감사함으로 보냈을 텐데……. 인간은 타성에 젖기 쉽다. 항상 소용돌이치는 현실 속에서 확신을 찾고, 불확실한 확신 속에서 규칙을 찾으려고 애쓴다. 게다가 이런 규칙들이 영원히 지속된다는 착각에 빠지곤 한다.

어느 날, 여쭤볼 게 있어서 아버지에게 전화를 걸었다.

"이 세상에서 사람이나 일은 항상 변하고 있나요?"

"그렇지."

"그럼, 변하지 않는 것도 있어요?"

"유일하게 변하지 않는 건…… 변화지. 네가 쓴 거 아니야?"

"알긴 알지만 여전히 받아들여지지 않아요."

"그래서 우리가 배워야 하는 거야. 첫째는 모든 것이 변하고 있다는 거고, 둘째는 그것을 받아들여야 한다는 거지."

아직도 아버지가 말씀하신 두 번째가 무슨 의미인지 모르겠지만 어렴풋이 짐작은 해볼 수 있다. 이른바 변화를 받아들인다는 것은 자신을 변화시키고, 변화에 적응하고, 이러한 변화를 끌어안는 법을 배우는 것이다. 이 세상에서 유일하게 변하지 않는 것이 '변화'라면 모든 변화와 변했다는 주변의 시선에 적응할 수 있을 만큼 강인해져야 한다. 그래야 상처받지 않을 수 있다. 전화를 끊고 아버지에게 메시지를 보냈다.

'근데, 꼭 그렇지만은 않아요. 내가 아무리 강해져도 누군가 떠나면 슬픈 건 마찬가지고, 시대가 저물어가면 여전히 눈물이 날 테니까요.'

'때로는 시간의 잔혹함과 의외성을 받아들여야 한다. 네가 아무리 원하지 않더라도 시간은 참으로 잔인해서 가는 걸 누구도 막을 수 없다.'

갑자기 작년에 돌아가신 할아버지가 생각났다. 아버지가 무슨 마음으로 말씀하셨는지 조금은 알 것 같았다.

5

'인정하든 말든 우리는 모두 헤어진다. 우리는 언젠가 이 세상을 떠나게 될 것이기 때문이다.'

청춘, 인생을 생각하는 시간

책을 보는데 이 구절에서 시선이 멈췄다. 지금 생각해보면 참 잔인한 말이다. 모든 것이 살아 숨 쉴 때 우리는 명예와 실리를 쫓고 돈을 벌기 위해 수단과 방법을 가리지 않지만 결국 나중에는 모든 것을 가져갈 수 없다는 사실을 깨닫게 된다.

모든 것을 다 가져갈 수 없다. 결국 우리 곁을 떠날 것이다.

코로나 시대로 인해 친목 모임도 줄고 언제나 누구에게나 열려 있던 우리 집에도 오고 가는 사람이 없다 보니 자연스럽게 생각할 시간이 많아졌다. 학교에 다닐 때, 한 시간 동안 서 있기 체력 훈련이 있었다. 한 시간 내내 움직이지 못했지만 생각이 맑아져서 그동안 아무리 고민해도 이해되지 않던 많은 일이 깔끔하게 정리되곤 했다. 그런데 나이가 들고 사회적 지위가 올라가면 갈수록 혼자만의 시간이 줄어들어 생각을 정리할 수 있는 시간을 따로 갖는다는 게 여간 어려운 일이 아니었다.

투자자들의 기대와 팀을 이끌어야 하는 압박감으로 디지털 세상 밖의 어떤 일도 눈에 들어오지 않았다. 정말 따로 신경 쓸 겨를이 없었다.

다행히도 혼자 지내는 시간 동안 몇 가지 깨달음을 얻었는데, 예를 들자면 굳이 그렇게 바쁘게 살지 않아도 괜찮고 여러 모임과 회식이 없어도 사는 데는 크게 지장이 없으며, 가족과 더 많은 시간을 함께할 수 있다는 것이다.

가장 중요한 것은 이 세상은 원래 매일 그렇게 달랐다는 것이다.

6

하루하루를 마지막 날처럼 보내겠다고 쓴 적이 있다.

그러나 삶이 점점 평범해지고 인생의 높은 벽들이 세워지기 시작하면서 점점 생활에 쫓기게 되고 이런저런 생각이 많아졌다.

'오늘이 누군가에겐 마지막 날이라 해도, 우리는 그것과 상관없이 여전히 오래도록 살아갈 거야. 우리가 매일의 생활을 마음대로 할 수 있을 때까지, 매일이 똑같아질 때까지, 중요한 일을 내일로 미룰 수 있을 때까지 말이야.'

어떤 일이 갑자기 나를 일깨워주고, 어떤 사람이 떠나면서 나를 일깨우는 것은 아니다. 모든 것이 영원할 줄 알았는데, 그렇지 않았다. 우리가 확실하게 가진 것은 바로 지금 이 순간밖에 없다. 그러니 이 모든 것을 소중히 여기길 바란다.

청춘, 인생을 생각하는 시간

실패를 경험한 청춘만이
특별한 의미가 있다

1

나는 눈이 오는 걸 원래 싫어한다.

다행히 베이징은 눈이 거의 내리지 않는다. 그래서인지 눈이 내렸던 그 날의 기억이 아직도 생생하다. 평소에 화를 잘 내지 않는 여자친구가 화를 내면 깜짝 놀라서 내가 무엇을 잘못했는지 곱씹어보는 것처럼, 내가 베이징에서 지내는 동안 손에 꼽을 정도로만 눈이 왔으니 기억나지 않는 게 더 이상할 정도다. 내가 눈이 오는 것을 싫어하는 이유는 아주 단순하다. 다들 겨울에 눈이 펑펑 내리면 풍년이 올 거라고 하지만 눈이 올 때마다 열을 맞춰서 눈을 치워야 하는 사람도 있다. 바로 나다.

사관학교 시절, 하얀 눈송이가 땅에 떨어지면 우리는 망연자실해 하늘을 올려다보고는 옆에 있는 친구들을 쳐다보며 길게 한숨을 내쉬었다.

"오 마이 갓! 또 쓸어야 돼!"

남자들끼리 있으면 눈이 아무리 예뻐도 낭만과 감성을 이야기하는 사람은 아무도 없다. 그날 내린 눈은 눈송이는 그리 크지 않아서 땅에 떨어지자마자 바로 녹아 물로 변했고, 그러다 기온이 더 떨어지니 얼음이 되어 땅에 얇게 얼음막이 생겼다.

얼음을 완전히 없앤다는 건 정말 불가능한 일이었다. 얼음을 깨려고 있는 힘껏 내려쳐도 그릇에 이가 나간 정도로 작은 구멍밖에 뚫을 수 없었다. 그것도 기온이 내려가면 다시 메꿔져서 결국 헛수고가 되고 말았다.

학교 다닐 때, 나는 눈이 오는 게 너무 싫었다. 눈이 오면 날씨가 추워지고 몸이 나른해져서 점심시간에 나가서 놀지도 못한다.

눈을 싫어하는 건 나뿐만이 아니었다. 여기저기서 불평이 쏟아졌다. "눈아, 이제 그만 멈춰주면 안 되겠니?", "그냥 조용히 겨울을 보내면 안 되는 건가?", "집에나 빨리 보내줬으면 좋겠다."

물론 나도 온갖 불평에 원망까지 했지만 지금 생각해보면 그때는 참 무지했다. 누가 하늘에 흩날리는 눈을 막을 수 있을까?

사람은 환경을 바꿀 수 없다. 유일하게 할 수 있는 것은 자신을 바꾸는 일이다.

2

사관학교를 그만둔 후 나는 영어 선생님이 됐다. 또 다른 어느 겨울밤이었다. 수업 후 학생의 질문에 대답해주고 밖으로 나왔더니 하늘에서 눈이 내리고 있었다. 아주 잠깐 고개를 들어 하늘을 올려다보았을 뿐인데, 그새 눈송이가 내 얼굴에 내려앉았다. 근처 집들의 지붕도 눈이 덮여서 반짝반짝 하얗게 빛나고 있었다.

눈이 얼마나 온 거야? 오늘 밤은 연인들을 위한 밤이겠군, 얼마나 많은 사람이 사랑에 빠지려나?

가방을 메고 지하철 입구까지 걸어가는 중에도 눈을 제법 많이 맞았다. 이미 녹아서 없어졌거나 아직 내 옷에 그대로 남아 있거나, 내 어깨를 스치고 지나간 눈송이도 있었는데, 우리 곁에 있었던 사람들과 너무 닮았다는 생각이 들었다.

어느새 내 어깨와 머리도 하얀 꽃으로 뒤덮였다.

나는 백발노인의 행색으로 지하철을 탔는데, 열차 안이 바깥보다 따듯하다 보니 내 몸에 쌓인 눈들이 사르르 녹아내렸다. 눈이 물로, 그것도 아주 매정한 물로 변했다. 아주 매정하게 내 옷에 스며들고 몸을 타고 흘러내려 골수까지 파고들었다. 그 느낌을 아직도 잊을 수가 없다.

얼마 만에 집에 도착했는지 기억나지 않지만 집에 들어오자마자 젖은 옷부터 갈아입지 않고 가방 안에 있던 노트북이 무사한지부터 확인했다. 내일도 수업이 있어서 먹고살려면 어쩔 수 없는 반응이었다고 해야 할까? 다행히 무사했다.

그제야 나는 샤워를 하고 다음 날 수업에 사용할 PPT 수정에 들어갔다. 아직 땅거미가 드리우기 전이었는데 길을 오고 가는 사람이 거의 없었다. 드디어 PPT의 마지막 페이지까지 수정을 마쳤다. 창가에 기대서서 눈 덮인 베이징 시내를 바라보고 있으니 여러 생각이 들었다. 희미한 불빛에 반사된 이 하얀 도시는 마치 수줍은 소녀처럼 너무나 아름다웠고 감동스럽기까지 했다.

그러다 갑자기 내일 이른 새벽부터 청소하는 분들이 고생이 많으시겠다는 생각이 들었다. 예전에 사관학교 시절 경험했던 추위를 다시 한번 경험해보고 싶기도 해서 옷을 주섬주섬 챙겨 입고 호기롭게 밖으로 나갔다.

놀랍게도 아직 잠자리에 들지 못한 아이들이 나와서 눈사람을 만들고 눈싸움을 하고 있었다. 나는 가로등에 기대어 지금 내가 무엇을 해야 이렇게 아름다운 도시에 어울릴까. 어떻게 하면 지금 느끼는 우울함과 어울릴까 하는 생각을 했다. 그래서 나는 쪼그리고 앉아서 바닥에 하트를 그렸다. 하트 안에 웃는 얼굴까지 그려 넣었다.

아직도 그때 내가 그린 얼굴이 어떤 표정인지 어땠는지 구체적으로 설명하기 힘들다. 그 안에 담긴 의미가 당시 나를 향한 조롱이었는지 아니면 미래에 있을 사랑과 웃음에 대한 확신이었는지 잘 모르겠다.

밤하늘에 반짝이는 별들을 올려다보니《어린 왕자》에 나왔던 명대사가 떠올랐다.

'사람들이 어느 날 자기 별을 다시 찾을 수 있게 하려고 저렇게 별들이 반짝이는 것은 아닐까 하는 생각이 들어요. 내 별을 봐요. 바로 우리 머리 위에 있어요.'

그렇다면 내 별은 어디 있는 걸까?

그날 밤 일기장에 적었던 말을 아직도 기억하고 있다.

청춘, 인생을 생각하는 시간

'아직 치열한 하루를, 잠 못 이루는 밤을 보낸 적도 없으면서 괜한 엄살 부리지 말자.'

불면증에 시달려본 적도 없으면서 어떻게 청춘을 얘기할 수 있겠는가?

미국의 시인 월트 휘트먼Walt Whitman이 쓴 글이 떠올랐다.

'청춘은 위대한 실패다. 하지만 실패를 경험한 청춘만이 특별한 의미를 갖는다.'

3

눈이 내리던 어느 날. 그날 밤 샤먼에서 행사를 마치고 회식을 하러 갔다. 실내에서 반팔 차림이었는데도 먹으면서 땀을 삘삘 흘렸던 기억이 있다. 그건 그렇고 샤먼의 해산물 요리는 정말 맛있었다.

공항에서 돌아갈 준비를 하면서 짬을 내서 SNS를 살펴보니 모두가 하나같이 그날 밤 베이징에 폭설이 올 거라고 했다. 그들은 눈이 내리는 기대감에 행복했을지 몰라도 나는 항공편이 지연될지도 모른다는 생각에 짜증이 확 났다. 황급히 안내데스크로 달려가서 항공편을 바꿀 수 있는지 물어봤다. 다른 항공편의 자리가 없어서 불가능하다는 답변만 받고 돌아왔다.

정말 너무도 하지, 또 폭설이라니. 과거 어떤 폭설보다 몇 배는 더 끔찍한 눈이었다. 예상한 대로 그날 베이징으로 가는 많은 항공편이 연착됐다.

그나마 우리는 운이 좋아서 비행기를 타긴 했는데, 이후 기장의 안내

방송이 들려왔다. 현재 상황을 설명해줬지만 어쨌든 당분간 이륙할 수 없다는 말이었다. 그렇게 우리는 좁은 비행기 안에서 꼬박 한 시간을 앉아 있었다. 잠이라도 자보려고 했지만 뒤에서는 아이가 꽥꽥거리고 옆에서는 귀가 울릴 정도로 코를 고는 데다가 저 멀리서는 아주머니와 아저씨들이 불평을 내뱉는 소리에 도무지 잠을 이룰 수가 없었다. 가져온 책을 꺼내 읽으면서 폭설을 저주했다.

그렇게 책을 보면서 구시렁거리다 보니 어느새 잠이 들었다. 자고 일어나 보니 내 몸에 담요가 덮여 있었다. 눈을 비비고 정신을 차리고 보니 이미 하늘 위에 있었다. 누가 덮어준 거지?

그때 잘생긴 승무원이 나에게 걸어왔다.

"선생님, 마실 거라도 준비해드릴까요?"

나는 어리둥절했지만 누구보다 빠르게 대답했다.

"와인 한 잔 부탁드립니다. 감사합니다."

그래도 와인을 마셔서 그런지 베이징까지 편안하게 왔다. 착륙 후 비행기에서 내리는데 아까 그 승무원이 날 찾아왔다.

"선생님, 저 선생님 수업을 들었던 학생입니다. 선생님 책도 열심히 보고 있고요. 같이 사진 한 장 찍어도 될까요?"

갑자기 눈시울이 붉어졌다.

"그럼요, 같이 찍읍시다."

"편안한 비행하셨어요? 그해 겨울 방학에도, 제가 선생님 수업 들을 때도 폭설이 왔어요."

"아. 기억나요! 그때도 눈이 엄청 많이 왔었죠."

이 대화를 끝으로 우리는 작별 인사를 나눴고 그 후 다시 보지 못했다. 공항 밖으로 나왔을 때는 이미 새벽 1시가 넘은 시간이어서 얼른 택시를 잡아탔다. 택시가 지하 주차장을 빠져나와 지상으로 올라왔을 때 끝없이 하얀 베이징을 보고 있으니 북송의 문학가 소동파의 작품 중 한 구절이 생각났다.

'인생의 자취를 남기는 것은 무엇과 같을까? 날아가는 기러기가 눈밭에 내려앉은 것과 같네.'

어느덧 나는 오늘, 여기까지 왔다.

시간은 모든 사람에게
언제나 공평하다

1

병원 응급실에서 한 남성을 만났는데, 큰 키는 아니고 온몸이 피투성이었다. 그는 엄지손가락이 부러져서 이제 막 봉합을 마쳤다고 했다. 나와 멀지 않은 곳에 떨어져 앉은 그는 벽에 기대서 담배를 피웠다. 한밤중이어서 응급실에 사람도 많지 않아서 잠깐 대화를 나눴다.

그는 오토바이 폭주 중 실수로 자동차를 들이받았는데, 충돌할 때 충격이 너무 세서 높이 튕겼다가 바닥으로 떨어졌다고 한다. 엄지손가락은 그 자리에서 부러졌고 다른 손가락과 몸에도 부상을 입긴 했지만 다행히 머리는 다치지 않았다. 나는 폭주를 한 이유를 물었다.

"청춘이라면 이 정도 각오는 해야 하는 거 아닌가요? 일부러 굴러도 보고 객기도 내보고 말이에요."

청춘, 인생을 생각하는 시간

스스로 죽음을 자처하는 그런 행위를 저렇게 아름답게 표현하다니, 정말 난생처음 듣는 말이었다. 그래서 더더욱 그에게 자기의 몸을 함부로 던지는 것과 단순한 사고에는 차이가 있다고 말해주고 싶었지만 그를 비판하지 않았다. 사실 그날 내가 응급실을 간 것도 비슷한 이유였다. 실연당한 친구와 술을 마시는데 테이블 위에 독한 술을 쫙 깔아놓고 한 잔씩 번갈아 마셨다. 얼마나 마셨는지 기억이 전혀 없을 정도가 됐을 때, 갑자기 테이블이 뒤집히더니 친구가 바닥에 쓰러졌다. 그가 입에 거품을 물고 전혀 알아듣지 못하는 말을 하자, 주변에 있던 사람들이 놀라서 주위로 몰려들었다.

그때 처음으로 전화를 걸어서 구급차를 불러봤다. 응급실에 도착해서 친구가 링거를 맞는 사이에 그 청년을 만난 것이다. 그날 밤은 너무 많은 일이 있어서 정확하게 기억나지 않지만 한 가지 기억나는 건 친구가 깨어나서 한 말이다.

"내가 너무 많이 마셨나 보네, 청춘 뭐 별거 있냐. 이런 게 청춘이지."

그날 밤 나는 두 사람에게 청춘이 무엇인지 톡톡히 배웠다. 그런데 정말 청춘이 그런 것일까?

그 이후로 한동안 그 친구와 연락이 닿지 않았다. 다들 그렇듯이 인생의 중요한 시기, 서른 쯤이 되면 하는 일이 없어도 무척 바쁘게 살아간다. 각별한 사이가 아니고서야 주변 사람을 일일이 챙긴다는 게 여간 어려운 일이 아니다.

그런데 얼마 전 갑자기 그의 연락을 받았는데, 자금 융통에 필요하다며 돈을 빌려달라고 했다. 그때야 나는 친구가 그동안 잘 지내지 못했다는 걸 알았다. 성인의 파산은 돈을 빌리는 데서 시작된다고 하는데, 나는 성인의 절교 역시 돈을 빌리는 데서 시작된다고 생각한다. 돈을 빌려달라고 하는 이유를 묻자, 역시나 별 이유 없이 융통할 자금이 필요하다고만 했다.

오래전 그날 밤, 그가 막 잠에서 깨자마자 했던 말이 생각나서 머릿속이 복잡했다.

"이게 청춘 아니겠어."

만약 타임슬립이 가능해서 과거 그날 밤의 자신과 대화를 나눈다면 어떤 말을 할까? 그때의 자신에게 이 말을 입버릇처럼 계속 되뇌라며 격려해줄까?

솔직히 말하면 나는 모르겠다. 하지만 내가 그때로 돌아갈 수 있다면 그의 어깨를 두드리며 한마디 해줄 것 같다.

"네가 원하는 만큼 마시되, 필름이 끊길 정도로 마시진 마라."

나는 내 한계가 어딘지 알았지만 안타깝게도 그는 몰랐다. 그때까지 몰랐기 때문에 병원에 실려 갈 정도로 술을 마시고, 돈을 다 탕진해버릴 정도로 살아온 것이다. 원래 이 모든 것은 청춘의 선언이 아니라 자율적인 문제였다.

만약에 청춘을 면피를 위한 핑계로 삼았다면 중년이 되었을 때는 어떤 말을 할 수 있을까? 나는 모르겠다. 감히 알지 못한다. 그 답은 분명히 아프고 잔인할 것이다.

청춘, 인생을 생각하는 시간

한 번은 어느 온라인 플랫폼에 출연해서 이야기를 나누고 나오는데 한 청년이 나를 불렀다.

"선생님, 여기 어쩐 일이세요?"

매우 낯익은 얼굴이긴 했지만 그가 말하기 전까지는 내가 아는 사람이 맞는지 확신이 서지 않았다.

"저, 선생님 수업 들었습니다."

"그래요? 언제요?"

"5년 전에요."

그의 말에 머릿속에 한 장면이 떠올랐다. 5년 전 한 학생이 400여 명이 넘는 수업의 첫 번째 줄에 앉아서 나를 응시하고 있었다. 그런데 30분 후 그는 책상 위에 엎드려 잠을 자는 듯했다. 내가 다가가서 그의 책상을 두드리자 고개를 번쩍 들었다. 알고 보니 잠이 든 게 아니라 책상 밑으로 게임을 하고 있었다. 수업이 끝난 후 그와 잠시 이야기를 나눴다. 당시 그가 무슨 얘기를 했는지 정확하게 기억나지 않지만 대충 이런 의미였다.

'전 아직 어리고 무한한 가능성이 있잖아요. 굳이 지금부터 공부하는데 조바심 낼 필요가 있을까요? 이번 시험은 떨어졌지만 기회는 또 오니까요. 미래를 생각하기에는 너무 일러요.'

나는 테드 창Ted Chiang의 SF 소설 《당신 인생의 이야기》에 묘사된 것처럼 사람이 현재, 과거, 미래를 명확하게 볼 수 있다면 5년 전 그 시점에서 이 청년은 스스로에게 과연 무슨 말을 할지 생각해봤다.

'5년 후에 고생고생해서 우여곡절 끝에 회사에 들어갔지만 쥐꼬리만 한 월급에 매일 똑같은 일상만 반복되고 희망이 보이지 않을 거야'라고 할까? 아니면 '지금 생각하는 대로 꿈이 이루어지지 않았지만 너무 실망할 필요 없어. 어차피 5년 후에 너는 이미 그때의 기대를 모두 잊어버릴 테니까'라고 얘기해줄까?

어쨌든 나 같으면 차라리 침묵을 택하겠다. 나 자신에게 하기에도 너무 잔인한 말들이다. 시간이 흐를수록 꿈이 깨져서 잔인한 게 아니라, 시간이 흐른다는 그 자체만으로도 이미 충분히 잔인하다.

최근에 친구들과 얘기하다가 사람이 중년에 가까워질수록 삶을 살아내기가 더 힘들어진다는 사실을 깨달았다.

젊었을 때는 무슨 일을 잘못해도 마치 젊음이 굉장한 무기인 듯 아직 젊으니까 괜찮다고 말할 수 있었는데, 서른이 되니 필터 기능을 제거한 사진처럼 날것 그대로의 내 모습이 나타난다.

집안 형편이 좋지 않은 사람은 더 이상 아름다운 미래를 기대하지 않으며, 머리가 나쁜 사람의 모르는 척, 귀여운 척도 먹히지 않는다. 제멋대로 굴던 사람은 더 이상 기질을 방패막이로 삼을 수 없으며 게으른 사람도 더 이상 꿈과 미래 뒤에 숨을 수 없다.

때로는 한 사람의 가난마저도 한없이 무력해 보일 때가 있다. 과거에는 다른 사람에게 반드시 부자가 될 거라고 말할 수 있었지만 미래가 오늘이 된 지금, 여전히 가난한 삶을 살고 있다면 어떻게 할 수 있을까?

그래서 수업 시간에 20대 친구들에게 항상 하는 이야기가 있다. 청춘을 소중히 여겨라. 중년이 되면 모든 막다른 길을 놀랍게도 너 스스로

청춘, 인생을 생각하는 시간

걸어 나왔다는 사실을 깨닫는 날이 올 거다.

물론 내 말을 귀담아듣는 친구는 몇 명 안 될 것이다. 나도 그 나이에는 대체 무슨 말을 하는지 귀에 들어오지도 않았으니 말이다.

무서울 정도로 흥미로운, 이것이 바로 청춘이다.

3

절망을 말하거나 서른이 되고 나니 희망이 없다고 말하고 싶은 게 아니다. 오히려 서른 살, 이제 막 시작했다는 말을 하고 싶다. 정확히 말하면, 자기 인생의 길을 가는 한 나이가 몇이든 상관없이 모두 이제 시작한 거나 다름없다는 말이다.

오늘은 언제나 우리의 남은 생애 가장 젊은 날이기 때문에 우리에겐 아직도 무한한 가능성이 있다.

예전에 40대 선배와 밥을 먹다가 아무 생각 없이 이제 서른인데 너무 불안하다며 앓는 소리를 한 적이 있다. 그때 그가 나를 툭 쳤다.

"야, 네가 불안하면 난 어떻겠니? 나도 아직 노력 중이야."

이미 마흔이 넘은 사람한테 내가 무슨 소리를 한 건지 정말 한심했다. 그는 외국계 회사에 다니는데, 해마다 주어지는 업무량이 결코 나보다 적지 않다. 그런데도 시간을 쪼개서 경영대학원을 다니며 프랑스어와 일본어까지 배우고 있다. 그에게는 부양해야 할 부모와 보살펴야 할 자녀가 있어 늘 고민과 불안함이 있었다. 그러나 중요한 것은 이러한 불안을 미래에 두지 않고, 일부러 자신과 다른 사람에게 앞으로 팬

찮을 거라고 말하지 않는다는 점이다.

그는 사람에게 미래가 없을 수도 있고, 있다 해도 쉰이 되면 그때의 불안함이 또 있을 것이기 때문에 그가 할 수 있는 유일한 일은 지금 이 순간에 문제를 해결하고, 만반의 준비를 하고 미루지 않고 최선을 다하는 것이라고 했다.

이 말이 나에게 큰 깨달음 용기를 불어넣어줬다.

그동안 나는 작품 속에서 나이에 따라 무슨 일을 해야 한다는 논조에 동의하지 않았지만 인과관계는 믿어왔다. 20대에 한 일은 시간에 비례해 쌓여 30대에 반드시 결과가 나타날 것이다. 같은 이치로 30대에 한 일도 10년 후에 결과가 나올 것이다. 이 결과가 좋든 나쁘든 결코 다른 사람을 탓할 수 없다.

청춘이라는 핑계를 벗겨내면 시간은 모든 사람에게 언제나 가장 공정한 답을 준다. 물론 이것도 내가 성장한 후에야 깨달은 거지만 다행히 아무도, 아무것도 아직 늦지 않았다.

세상에서 가장 먼 거리는
'다음'과 '나중'이다

1

얼마 전에 꿈을 꿨는데, 내가 타임슬립을 좋아해서 그런지 2060년으로 날아갔다. 그때 나는 이미 70대의 노인이 되어 있었다. 나는 방에 앉아서 걸음이 불편하고 머리가 하얗게 센, 거울에 비친 내 모습을 보고 도저히 침착할 수가 없었다.

그래서 거울에게 말했다.

"나를 20대로 다시 돌려주겠니?"

갑자기 거울 속에서 목소리가 들려왔다.

"좋아."

그러곤 잠에서 깼다. 눈을 떠보니 꿈이었다. 그래도 또 한 번 청춘을 가져다준 세상이 정말 고마웠다. 일어나서 이를 닦고 계획표를 봤다.

나에게 무의미한 계획들은 지워버리고 관계없는 일정도 삭제했다. 대신 올해 가고 싶은 장소를 몇 군데 추가했다.

더 이상 지체하지 않기로 했다. 미래가 반드시 더 좋을 거라는 보장도 없고 현재가 최악이라고 확실할 수 없는 법이다. 인생 전략을 바꾼 후, 항공권을 구입하고 여행 계획을 세우기 시작했다.

그날, 일기장에 쓴 내용이다.

'시간을 저버리지 않고 열심히 전진하자. 나의 두 번째 청춘을 위해서! 이번에는 후회 따위는 남기지 않겠다.'

한 달 후, 나는 그리스로 날아갔다. 어릴 때부터, 어른이 돼서도 줄곧 가고 싶었던 곳이다. 비행기 안에서 어린 시절 읽었던《일리아드》와《오디세이》를 다시 꺼내 읽었다. 착륙할 때 그토록 꿈에 그리던 에게해가 눈에 들어왔다. 밀로스섬에 도착한 후 나는 일기장을 꺼내 지난번 적었던 그 두 줄을 마음에 되새기며 시간을 보냈다.

2

지난 몇 년 동안 나는 항상 과거를 그리워하는 사람들을 만났다. 인생이 항상 후회로 가득 차 있기 때문에 과거를 그리워하는 것이다. 아무것도 하지 않은 것에 대한 후회, 어떤 결정을 한 것에 대한 후회……. 나는 살아가면서 후회가 가장 쓸모없는 감정이라는 것을 깨달았다.

하지만 우리는 후회해도 소용없다는 것을 뻔히 알면서도 후회를 한다. 왜 그럴까?

청춘, 인생을 생각하는 시간

감정에 좌우되는 사람은 결국 감정에 무너진다. 이 세상에 후회를 치료하는 약은 없다. 인도의 시인 타고르마저도 태양을 잃었다고 눈물 흘리면 또 별을 잃을 것이라고 하지 않았던가.

나도 내가 '과거를 그리워하는 사람'이라는 걸 인정한다. 나는 어둠이 짙게 깔린 밤이 되면 갑자기 과거의 어느 시절이 떠오르곤 하는데, 그때마다 눈물을 흘리고 그때 노력하지 않은 것과 대담하게 하지 못한 것에 대해 절절하게 후회한다.

그러나 그 꿈을 꾼 이후로 내가 가지고 누릴 수 있는 것은 현재뿐이고 현재를 잘 살아야 미래에 후회하지 않는다는 섭리를 이해하기 시작했다.

과거에 썼던 원고와 채팅 기록을 정리하다 보니 많은 사람이 나와 대화를 마친 후 항상 마지막에 하나같이 '나중에……' 혹은 '다음에……' 로 끝을 맺었다.

나는 문득 이 세상에서 가장 먼 거리가 '나중'이나 '다음'이 아닐까 하는 생각이 들었다.

3

어느덧 '2000년대생'은 대학생이 됐고, '90년대생'은 30대에 접어들었다. 주변 친구들을 보면 이미 결혼한 사람들이 꽤 있다. 마침내 그들도 가족 부양에 대한 부담을 느끼는 나이에 들어섰다.

중년의 나이에 가까워질수록 삶과 일에 찌들어 사는 것 같은 느낌을 받기 쉽다. 갑자기 집에 급한 일이 생겨서 연락이 오거나 회사에서 추가 업무 통보를 받을 수도 있기 때문에 감히 휴대폰을 손에서 놓을 수 없다. 매일같이 집과 회사를 오가며 정신없는 나날을 보내고 있지만 정작 자신이 무엇을 하는지, 왜 바쁜지 도무지 알 수 없다.

감정이 메말라가며 웬만해서 감동도 잘 받지 않는다. 계속 웃고 있지만 크게 웃음을 터트리기 어렵다. 술을 마셔도 인생이 눈을 부릅뜨고 자신을 지켜보고 있는 것 같은 생각이 들기도 한다. 당신은 도전이 두려워져서 외나무다리에서 균형을 잃지 않으려고 노력한다.

특히 예전에 즐겨 들었던 노래를 듣는 게 싫어진다.

노래를 들으면 원하든 원하지 않던 그때가 떠오른다. 아무 걱정 없는 열여덟 살에게 가장 큰 고통은 중간고사와 기말고사가 전부였다. 이 멜로디는 숙제할 때 MP3에서 반복해서 흘러나왔던 노래다. 그때 당신은 휴대폰으로 매일 채팅을 했다. 좋아하는 파란색의 단발머리 여자 이모티콘이었는데, 그애가 '오프라인으로 표시하기' 상태인지 정말 '오프라인' 상태인지도 몰랐다. 그때 갑자기 알람이 울리면 친구 목록을 열어 누가 또 당신의 청춘을 흔들었는지 찾아본다.

그때는 꿈이 많았고 짧았다. 햇볕도 따뜻하고 길었다. 하늘은 푸르고 넓었고 흙은 더럽고 향기로웠다.

그 후로도 시간은 하루하루 흘러갔지만 바다는 마르지 않았고 바위는 부서지지 않았다. 당신도 되고 싶은 모습이 되지 못했다. 중년이 되면 꿈만 앙상하게 남고 삶과 일을 오가느라 끝이 보이지 않는다. 그나마 버스나 지하철, 엘리베이터를 비집고 타거나 깊은 숙면을 취하거나

　　　　　　　　　　　　　　청춘, 인생을 생각하는 시간

다음 날 알람 없이 눈을 뜨는 일이 기분 좋은 일이 돼버렸다.

4

매일 아침 오늘 해야 할 일을 표로 만들어서 책상 옆에 붙여두는 친구가 있었는데, 그는 반드시 해야 할 일로 일과표를 빼곡하게 채워 하나하나 완성해나간다고 했다. 밖에 나올 때도 넥타이까지 매고 멀끔하게 양복을 차려입고 나와 다른 사람들을 만나면 미소 띤 얼굴로 고개를 끄덕이며 인사를 건넨다. 마치 모든 것이 완벽한 사람처럼 말이다. 마치 인생이 그를 괴롭히는 것처럼 그의 인생은 결코 호락호락하지 않았다. 저항할 틈도 주지 않았다.

내가 그리스 밀로스섬에서 지낼 때 그에게 전화를 건 적이 있다. 내가 있는 그리스는 낮이었고 베이징은 이미 늦은 밤이었다. 그 시간까지도 야근 중이었는지 작은 목소리로 전화를 받았다. 얼마간 시시한 일상 얘기만 하다가 그에게 그날 내가 꾼 꿈을 이야기해주었다. 그때 갑자기 바다 위를 맴돌던 갈매기들이 내 발끝에 내려앉았다. 쪼아 먹을 게 있었는지 잠깐 고개를 움직이더니 다시 하늘로 날아갔다.

나는 그에게 물었다.

"다시 살 수 있다면 뭘 하고 싶어?"

"우리가 나이가 벌써 몇인데, 미래를 꿈꾸라는 말은 하지 마라. 우리에게는 현재밖에 없어."

나는 끝까지 그의 대답을 듣고 싶었다.

"아니, 정말, 정말 다시 살 수 있다면 말이야."

그는 한참 동안 생각에 잠겼다.

"그럼 아이들과 더 오래 놀아주고 가족들과 더 많은 시간을 보낼 수 있겠지……. 근데 내가 지금 좀 바쁘거든, 나중에 다시 얘기하자."

그렇게 통화를 마쳤다. 나는 그에게 메시지를 보냈다. 지금 와서 생각해보면 약간 억지스러운 면이 없지 않았다.

'네가 일흔이 돼도 그때 아이들과 가족들과 더 많은 시간을 보낼 걸 그랬다고 후회할걸?'

그도 아주 짧게 회신했다.

'재미있게 놀아, 그만 귀찮게 하고.'

5

누구든 시간의 긴 여정 가운데에서 문제를 생각하면 많은 고통이 사라지는 것을 경험할 수 있다. 시간의 흐름에 비하면 우리의 고통은 먼지에 불과하며 많은 문제도 더 이상 문제가 되지 않는다.

아마 한번쯤 자문해본 적이 있을 것이다.

'내일 지구가 멸망한다면, 오늘이 인생의 마지막 날이라면 무엇을 할 건가?'

그때도 당신을 힘들게 했던 사람을 여전히 미워할 것인가? 이메일이 제대로 갔는지 걱정할 것인가? 아니면 정말 사소한 일로 마지막 하루를 괴로워하며 보낼 것인가?

나이가 들수록 우리 세대는 사소한 일에 목숨을 걸고 세상의 마지막 날은 신경도 쓰지 않는다는 걸 알게 된다.

어떻게 보면 이것은 성장의 비애다. 세상의 진실을 이해하기 시작하면서 과거의 많은 꿈이 현실과 동떨어진 환상에 불과하다는 사실을 깨닫는다. 그리고 우리는 너무 쉽게 과거의 감동을 잃어버린다. 하지만 우리는 그 기억을 되살릴 수 있다.

나와 통화하고 며칠 뒤, 내 친구는 아이와 함께 자신이 항상 가고 싶었던 곳으로 떠났다. 회사를 그만둔 줄 알았는데, 그건 아니었다. 인생은 퇴사와 여행 사이 중 굳이 선택해야 할 만큼 극단적이지 않다. 그는 3년 동안 연차를 한 번도 안 쓴 워커홀릭이었는데, 이번에 정말 큰 결심을 한 모양이다.

그가 여행 중일 때 나는 어느 섬에서 글을 쓰고 있었는데, 그날 친구에게 메시지를 받았다.

'리샹룽, 아들이 네가 그날 밤 꿈을 꿔줘서 고맙다고 전해달래.'

그리고 여행 중에 찍은 가족사진을 하나 보내줬다. 나는 이런 농담도 잊지 않았다.

'사실 그 꿈은 내가 너한테 맡겨둔 거야. 고마워할 필요는 없어.'

지금 이 순간을 살아라.

짧은 글이지만 실제로 행동에 옮기기가 너무 어렵다. 하지만 솔직히 그렇게 어렵지도 않다. 무한한 시간을 생각하고 다른 사람의 인생을 보다 보면 스스로 깨닫고 변화하지 않을까? 어니스트 헤밍웨이Ernest Hemingway는 인생의 가장 큰 아쉬움은 청춘과 청춘에 대한 느낌을 동시에 가질 수 없다는 것이라고 말했다.

청춘을 느끼게 되면 어느덧 청춘은 사라진다.

시간이 지나고 나서야 나도 우리가 항상 과거를 그리워할 필요가 없다는 것을 깨달았다. 여전히 청춘이고 과거에 집착하는 대신 앞으로 나아갈 준비를 마치고 새로운 삶을 맞이하자.

'앞으로 다가올 매일은 새로운 하루다. 그 매일을 소중하게 여겨서 어떤 후회도 남기지 말자.'

청춘, 인생을 생각하는 시간

힘들어도
뜨거운 인생을 선택하라

나는 책을 다 보고 나면 소파에 앉아 게임을 하면서 멍하니 있곤 했다. 게임기에 설치된 게임은 딱 하나고, 이 게임은 계속 업그레이드되고 있다.

나와 내 친구는 오락실에 가서 반나절 내내 게임을 하기도 했다. 그때 가장 인기 있었던 게임 캐릭터는 한때 NBA 최고의 선수 중 하나인 트레이시 맥그레이디Tracy Lamar McGrady Jr.와 코비 브라이언트Kobe Bryant였다. 맥그레이디는 휴스턴 로키츠 소속이고, 코비는 LA 레이커스 소속이었다.

그때 우리는 대학입학 시험 준비하고 있었는데, 기말고사가 끝나면 친구와 함께 오락실에 가서 코비로 인사이드 플레이를 했다. 나는 친구에게 언젠가 LA에 가서 코비의 경기를 직관할 거라고 선포했다.

어느덧 이 게임은 2007년 버전에서 2020년 버전으로 업그레이드됐다. 내가 기억하기로 새 버전 게임의 표지가 바로 코비였다.

솔직히 말해서 지금 NBA에서 뛰고 있는 스타 선수들은 잘 모른다. 내 수업을 듣는 한 학생이 LA 레이커스에 앤서니 데이비스Anthony Davis Jr.라는 선수가 있는데, 말로 설명할 수 없을 정도로 대단하다고 했다. 학생은 자신이 덩크슛하는 앤서니 데이비스가 된 것처럼 쉬지 않고 그에 대해 이야기했다. 어렸을 때 소파에 기대어 있던 아버지에게 이 사람은 코비고, 저 사람은 맥그레이디라고 설명했던 내 모습이 떠올랐다.

사실 지금 표지가 누구 얼굴로 장식되어 있는지 나에게 더 이상 중요하지 않다. 그들의 플레이가 화려하지 않고 재미가 없어서라기보다는 먹고 사느라 바빠서 더 이상 TV 생중계를 챙겨 볼 정도로 시간이 많지 않다. 누가 더블더블double double(득점, 리바운드, 어시스트, 가로채기, 블록 5개 기록 중에서 2가지를 두 자릿수 이상 기록한 경우-옮긴이)을 달성했는지, MVP를 받았는지도 별로 관심이 없을뿐더러 가끔 코트에서 뛰고 있는 르브론 제임스Lebron James를 보면서 '이 사람 아직도 이렇게 잘 뛰네?'라는 생각이 드는 정도일 뿐이다.

어릴 때부터 등번호 23번 유니폼을 즐겨 입던 친구에게 왜 농구 중계를 안 보는지 물었더니, 하루하루 쫓기듯 사는 우리 세대에게 그런 경기는 먼 나라 얘기라며 고개를 저었다.

그렇다면 NBA 농구 경기보다 가까운 건 무엇인지 물었더니, 아이들을 돌보고 부모님을 잘 모시고, 직장 상사에게 욕을 먹고 갑질의 수모를 참는 것, 이런 것들이 우리 삶과 훨씬 가깝다고 했다.

청춘, 인생을 생각하는 시간

30대가 된 그가 농구 코트를 질주하는 모습을 더 이상 볼 수 없다니 정말 안타까웠다. 옛날에는 우리 집에 와서 같이 게임도 자주 하곤 했는데, 지금은 나 혼자 컴퓨터 게임을 하면서 놀고 있다.

요즘도 게임을 할 때마다 나는 과거 내가 자주 하던 팀을 골라서, 대결 상대가 없으니 컴퓨터와, 정말 아무 목적 없이 300라운드를 치르며 2007년부터 2010년까지의 여름의 기억을 소환시키곤 한다. 코비가 81점을 기록했던 어느 여름을 아직도 기억한다. 그는 손을 뻗어 관중들에게 인사하고 동료들과 포옹하고 코트 밖에 있는 아내에게도 윙크를 보냈다.

미세먼지 경보가 있었지만, 굴복하지 않고 친구들과 야외에서 농구를 하기로 약속했다. 그냥 젊은 시절의 그 느낌을 되살려보고 싶었다. 하지만 정말이지 예전처럼 경기에 집중하기가 쉽지 않았다. 리바운드 할 때도 높이 뛰지 않고 까치발을 드는 정도에서 멈췄다. 아무래도 부상을 당하면 그 뒤에 따라올 일들이 너무 많아서 다들 알아서 몸을 사리는 것 같았다. 우리는 건강을 위해서 농구를 하는 거라며 스스로 자조 섞인 말들을 하긴 했지만 사실 '고난도 동작'의 골 자체가 우리의 삶과는 거리가 먼 얘기라는 사실을 너무나도 잘 알고 있었다.

고등학교 3학년 때를 떠올려보면 우리 반 남자애들이 코비의 페이드어웨이숏fadeaway jump shot(장신 선수의 수비를 피하기 위해 수직 방향이 아닌 뒤로 몸을 빼면서 쏘는 숏-옮긴이)을 흉내 내다가 넘어지거나 남의 발을 밟아서 일주일 동안 수업에 못 나와도 별로 아쉬워하지 않았다. 옆에서 구경하고 있던 소녀들의 미소를 보았기 때문이다. 그것이야말로 그 시절에 느낄 수 있는 가장 아름다운 선물이 아니었을까.

그 시절은 한 번 가면 다시 돌아오지 않는다.

언젠가 코비에 대해 다루는 다큐멘터리를 본 적이 있다. 그는 경기에서 다른 사람의 발을 밟으면서 아킬레스건이 파열됐는데도 여전히 페널티 라인에서 두 골을 모두 성공시키고 나서야 경기장을 떠났다. 그의 농구에 대한 사랑을 감히 비교할 수는 없지만 누구든지 그가 가진 사랑의 반만 있어도 제 일을 충분히 해낼 수 있다.

우리가 코비를 좋아하는 이유는 그에게서 나와 다른 모습과 빛을 발견할 수 있기 때문이다. 우리는 코비처럼 되길 바란다. 비록 그도 언제가 늙고 연약해지겠지만 그의 사랑과 열정은 결코 사라지지 않을 것이다.

그러나, 이 모든 것이 달라졌다.

2020년 1월 26일, 베이징 시간 오전 4시, 내 SNS에 누군가가 코비가 세상을 떠났다는 글을 올렸다. 처음에 이 글을 보고도 한동안 가짜 뉴스라고 생각했다. 그러다 나중에 그가 정말 세상을 떠났다는 사실을 알고 한참을 진정하지 못하고 거실로 나가 게임기를 켰다.

나는 게임을 하면서 눈물을 흘렸다.

우리 중 누구도 모른다. 내일 당장 누구에게 뜻하지 않는 사고가 생길지, 어떻게 될지 아무도 모르는 일이다. 함께 농구를 했던 친구들에게 전화를 걸었다가 몇 마디 하지도 않고 황급히 끊었다. 얼마 후 나는 그들의 생활에 변화가 생겼다는 사실을 알게 됐다. 여행을 떠난 친구도 있고 회사를 그만둔 친구도 있었다. 또 미국에 있던 친구는 나중에 LA

스테이플스 센터에 나타나기도 했다.

세월이 흐르면서 우리가 어렸을 때 알던 사람들의 머리가 제법 희끗 희끗해졌고 우리와 함께 자란 스타들도 갑자기 군중 속으로 사라지거 나 세상을 떠났다. 그러면서 우리는 인생 앞에서 모든 명예와 재산은 과거가 되고 모든 선과 악도 연기 같은 존재임을 다시 한번 깨닫는다.

나는 항상 처량한 세월에 깊은 슬픔을 느낀다. 다른 사람들 앞에서 잘 웃고 웃기는 편이지만 밤이 깊어 조용해지면 혼자 눈물을 흘리곤 한 다. 사람은 결국 헤어지게 되어 있고, 나도 결국 떠난다는 것을 깨달았 을 때, 세월이 흐른다는 사실 자체가 얼마나 쓸쓸한 것인지 점점 느끼 게 될 것이다.

그래도 우리는 멋지게 살기를 선택할 수 있다.

나는 친구 리동에게 코비를 어떻게 추모해야 할지, 한 시대를 풍미하 던 사람에 대한 상실감을 어떻게 표현해야 하는지 모르겠다고 했다. 리 동은 이미 흘러간 과거를 추모할 필요는 없으며 우리가 할 수 있는 유 일한 일은 앞으로의 미래를 더 아름답게 만드는 것이라고 했다. 또한 모든 죽음은 우리로 하여금 시간을 재부팅하고 우리의 과거를 재점검 하고 잃어버린 모든 것을 다시 시작할 수 있는 기회로 삼을 수 있다고 했다.

일이나 관계가 매우 나빴다고 할지라도 다행히 바닥을 치면 다시 뛰 어오르고, 슬픔이 극에 달하면 그 끝에는 항상 미소가 기다리고 있다는 사실을 기억하길 바란다.

시간의 바탕이 슬플 수밖에 없다. 아무리 웃고 떠들어도 과거 어두웠던 상처를 감출 수 없지만 우리는 낙관을 선택할 수 있다고 믿길 바란다. 우리가 미래에 어떻게 살아갈지, 지금 하고 싶은 일을 미룰지 선택할 수 있다. 미래에 우리는 많은 사람과 안녕이라고 작별 인사를 나누겠지만 그보다 더 많은 사람과 새로운 안녕을 나눌 수 있게 될 것이다.

어쨌든 나는 앞으로의 모든 것이 점점 더 좋아질 거라고 굳게 믿고 싶다. 어둠 속에서 누군가 나에게 말했던 것처럼 어떤 일을 겪었든지 상관없다. 반드시 다 좋아질 것이다. 반드시!

청춘, 인생을 생각하는 시간

옮긴이 박영란

베이징 어언대학교 중국어영어과를 졸업하고 국제유치원 교사로 근무했다. 현재 이화여자대학교 외국어교육특수대학원 국제중국어교육학과 TeCSOL에 재학 중이며, 번역 에이전시 엔터스코리아에서 출판 기획 및 중국어 전문번역가로 활동하고 있다. 오랜 현지 경험을 바탕으로 독자들에게 단순한 문체 번역이 아니라 중국 본연의 맛을 느낄 수 있도록 하기 위해 노력한다. 주요 역서로는《기분이 태도가 되지 않게》,《감정과 사랑 심리학》,《홀로 서는 연습》,《함께 있어도 외로운 사람을 위한 심리수업》,《괜찮으니까 힘내라고 하지 마》,《말하기 힘든 비밀》,《부자의 길을 선택하다》등이 있다.

빛나는 삶을 위해 지금 생각해야 하는 것들
청춘, 인생을 생각하는 시간

초판 1쇄 인쇄 2022년 7월 4일 ｜ **초판 1쇄 발행** 2022년 7월 20일

지은이 리샹룽
옮긴이 박영란

발행인 신수경
디자인 디자인 봄에 ｜ **마케팅** 용상철 ｜ **종이** 아이피피 ｜ **제작** 도담프린팅
발행처 드림셀러
출판등록 2021년 6월 2일(제2021-000048호)
주소 서울 관악구 남부순환로 1808, 615호 (우편번호 08787)
전화 02-878-6661 ｜ **팩스** 0303-3444-6665
이메일 dreamseller73@naver.com ｜ **인스타그램** dreamseller_book

ISBN 979-11-976766-5-9 (03320)